Carsten Rathgeber
Augenblicke

Augenblicke

Erzählungen und Lyrik

(3. Auflage – korrigiert und erweitert)

Carsten Rathgeber

Bibliografische Information der Deutschen Nationalbibliothek: Die Deutsche Nationalbibliothek verzeichnet diese Publikation in der Deutschen Nationalbibliografie; detaillierte bibliografische Daten sind im Internet über http://dnb.dnb.de abrufbar.

Motiv auf der Vorderseite: © Carsten Rathgeber (Foto eines Gemäldes von Frau Birgit Neumann).

Verlag: BoD · Books on Demand GmbH, In de Tarpen 42, 22848 Norderstedt, bod@bod.de

Druck: Libri Plureos GmbH, Friedensallee 273, 22763 Hamburg

ISBN: 978-3-7597-5321-2

Inhaltsverzeichnis

Vorbemerkungen zu den Erzählungen und zur Lyrik

I
Die (menschlichen) Geschichten berühren tatsächliche Lebensereignisse; insofern sind sie authentisch. Jedoch habe ich im Rahmen der Collagen-Technik einzelne Gegebenheiten zum Teil leicht verfremdet bzw. in der Art verknüpft, dass keine unerwünschten Identifizierungen möglich werden.
Die Geschichten, die in der Zeit von 2017 bis 2024 geschrieben wurden, sind bewusst kurzgehalten.
Die zusätzlich aufgeführten Gedichte ergänzen auch die Gedichte aus dem Band „Fäden zur Welt" (siehe Literaturverzeichnis).

II
Es geht um Momente im Leben, um Augenblicke, in denen sich zum Teil sehr unterschiedliche Folgen real ergeben können. Die Entscheidungen werden von den Beteiligten oftmals zügig und intuitiv getroffen.
Die Fragen nach den Gründen und Auswirkungen bleiben erhalten.

Übersicht zu den Erzählungen

Übersicht zur Lyrik

Prolog

kein weiter ohne augenblick

mein sinn gilt den augenblicken
die sich wie punkte sammeln

die fügung bindet momente
verführt sie zu einer welt

blicke ohne weiter treiben allein
sie finden kein land, kein meer
fallen beinah wie noble sterne
aus dem gefüge der welt

wir bewegen uns, suchen weiter
doch, verrät uns nur ein blick
zerfasern wir stumm und erblinden
die welt fällt in sich zurück

mein jetzt verwandelt sich und lebt
reist eigen in raum und zeit

auch der tod, so blass, verhandelt
er ringt, bündelt und verspricht

Zeichenwelt

Klar wird diese Welt
Nur scheinbar mit den Zeichen
Die das Leben zerteilen
In Sphären von Licht und Lust

Karg wie ein Metall
Erscheint das Ich als Zeichen,
Welches – weltenfern –
glitzert hell wie ein Gestell

Das Ich erfasst sich
– verdreht in Macht und Wissen –
Im Denken, Sprechen, Wollen
Wie ein kluger Automat

Es lebt gebunden
Im Diskurs der Geräte
Kennt kaum die Rechnungen
Nur das Schweigen dieser Welt

Die Welt wirkt grundlos
Alles west und weht
Auch Zeit, Zeichen und Ideen
Der Tod prahlt nur Parolen

Erzählungen

Das Mützenwunder

Unsere alte Stadt hatte keinen hellen Himmel. Dunst, Nebel, Wolken und das Diffuse erzeugten ein gelbliches Licht. Die Linien der Gebäude erschienen verschwommen. Schwefel- und Ölgerüche lagen in der Luft. Metallstangen, Eisen- und Autobahnen, Zechen, Gasometer und Raffinerien prägten das Bild. Die Bäume standen oft nur für sich, beinah einsam am Straßenrand. Die Natur rang um ihre Würde.

Diese alte Stadt war für mich eine fremde Welt. Sie war ohne Zentrum und gab uns Menschen keinen Halt. Das menschliche Leben lebte in den Winkeln der Häuser und Fabriken und in den Schatten der Straßen und Gassen. Wir fanden Wärme und Beziehungen oft nur in verborgenen Ecken. Diese Stadt zerriss die Menschen. Ihren Namen möchte ich vergessen.

Unsere alte Stadt: Das stimmt, denn wir wohnen nicht mehr in ihr. Im Sommer – in diesem heißen Hochsommer – dachte ich noch, hier bleiben wir für immer und ewig. Es gibt für uns keine andere Welt. Ich hatte mir Mut zugesprochen und Überlebensideen gesammelt: Stelle dich auf eine lange Suche ein, entwickle einen Plan. Versuche, andere Menschen zu finden. In jenen Tagen spielte ich die Rolle des einsamen Welteneroberers: Als Geometer in der Wüste; als Astronaut; als Soldat.

Auch besorgte ich mir ein Fahrtenmesser. In den Schmuckläden hatte ich schöne, aber unbezahlbare Messer gesehen. Hinter dem Bahnhof traf ich einen mir fremden Jungen, den ich auf unserem Schulhof kennen gelernt hatte. Er bot mir ein Messer an. Eine seltsame Atmosphäre von Angst und Mut umwehte unsere Begegnungen. Die Treffen waren kurz und schienen mir nicht ungefährlich zu sein. Wir verhandelten und sprachen doch kaum. Unsere Augen redeten in ihrer eigenen Art. In der letzten Begegnung forderte er fünfzehn DM. Ich bot: „Zwölf". Wir schauten beide ernst. Es kam zu keiner Einigung und ein jeder ging seinen Weg.

Und dann zogen wir um. Der Umzug kam wie ein unerwarteter Sommerregen, der über das Land geht. Für uns Kinder zumindest. Mein Vater veränderte sich beruflich und wir zogen in eine kleine Stadt.

Sehr gut kann ich mich an den Tag des Umzugs erinnern. Es kam ein weißer Transporter mit zwei Hecktüren. Er wurde auf dem Fabrikgelände, auf dem wir wohnten, beladen. Es war ein warmer und staubiger Spätsommertag. Der Asphalt glühte zwar nicht mehr, aber die Luft schwirrte und die Vögel schwiegen. Drei oder vier Möbelpacker packten an. Wir Kinder trugen Blumen, Tüten und Kartons mit Kleidung, Gardinen und Tüchern zum Transporter. Meine Mutter putzte noch in den leeren Räumen und reichte kalten Tee. Zur Mittagszeit war der LKW beladen. Die Ladetüren wurden geschlossen. Doch mein Fahrrad stand noch seitlich am Zaun. Die Packer hatten es übersehen. Eine Hecktür wurde wieder geöffnet und mit einem Hin und Her wurde es wie eine metallische Spinne auf die bereits eingepackten Sachen gelegt. Dann schlossen sich die Türen. Das große Abenteuer begann.

Die Gefühle bei meinen Eltern waren mir aber nicht klar. Bei meiner Mutter meinte ich eine Freude spüren zu können: „Wir sind dann wieder mehr im Norden", sagte sie einmal nebenbei. Aber es war keine reine Freude, die in ihrer Stimme mitschwang. Ich meinte, einen resignativen Ton hören zu können; vielleicht sogar einen Klang der Niederlage. Bei meinem Vater blieb mir die Gefühlslage noch stärker verborgen. Die Versuche, seine Gefühlswelt ergründen zu wollen, blieben meistens ergebnislos. Eindeutigkeit fühlt sich anders an. Für meine Schwestern war es wohl eine Abwechslung in ihrem Alltagsleben. Ein Beieinandersein, in dem sie sich gegenseitig genug waren.

Die Umzugsfahrt dauert bis zum Nachmittag. Meine Eltern hatten am neuen Wohnort ein kleines Haus gemietet, in dem jeder von uns ein eigenes Zimmer erhielt. Ich erhielt mein erstes eigenes Zimmer. Es war zwar nur vier qm groß und hatte keine Heizung. Aber immerhin. Zum Haus gehörte auch ein Garten, den wir gemeinsam mit den Vermietern und noch einer anderen Mieterin, die ein kleines Appartement bewohnte, nutzen konnten.

Und in den ersten frühen Herbsttagen arbeitete meine Mutter an einem Nachmittag auch im Garten zusammen mit den Nachbarn. Sie trug wie so oft eine Küchenschürze und ein Kopftuch. Es wurde gegraben, gejätet und gezupft. Reste von Karotten und Kohlrabi, Kohl, Kartoffeln und Steckrüben wurden eingesammelt. Auch wurden noch einige Früchte geerntet. Stachelbeeren und Rhabarber gab es reichhaltig. Auch fanden sich noch vereinzelt Himbeeren. Die braunen, gelben und roten Blätter überlagerten aber bereits all die verschiedenen Grüntöne. Kleine Beete wurden gegraben und Abgrenzungen wurden angelegt. Zweige wurden geschnitten. Auch ein Zaunstück wurde ausgebessert. Fette Regenwürmer quälten sich durch die Erde. Käfer und kleinere Tiere liefen herum. Solches Getier und diese Spinnen hatte ich noch nie gesehen.

Meine Schwestern spielten an dem Nachmittag mit Maren, einer Nachbarstochter, Gummitwist. Maren war das Enkelkind unserer Vermieter. Ich selbst spielte nicht mit den Mädchen. Gegenüber Maren brachte ich gerade mal ein „Hallo" über die Lippen. Es waren sehr schüchterne und spröde Begegnungen. An dem Nachmittag fuhr ich selbst Fahrrad auf den Seitenwegen zum Garten. Ich lernte so die Gegend kennen.

Es war ein noch lauwarmer Herbsttag. Die ersten Blätter der Sühne leuchteten auf: Eine blaue Grundfärbung mit rötlichen Spuren und grün-gelben

Resten. Und dieses Blau wandelte sich zu einem Violett. Die Farbränder waren nicht klar. Das Spiel der Natur brachte auch in der Hinsicht eine Unschärfe, eine Mehrdeutigkeit ins Spiel. Etwas, worauf ich mich verstand. Und es wurde nach meinem Empfinden auch schon ein erster Wille der Natur zum neuen Leben spürbar. Vielleicht schon diese Sehnsucht zum Frühling, zu einer neuen Entwicklung. Die Schöpfung würde sich wieder bewähren können. Das Lächeln der Welt, so dachte ich, bleibt wohl leicht charmant. Jedoch würde vorerst der Winter kommen und sich ausleben wollen.

In der folgenden Woche waren meine Eltern verreist und ich musste mich an einem Mittwoch nach der Schule bei unseren Vermietern melden. Ich konnte dort zu Mittag essen und meine Hausaufgaben im Wohnzimmer an einem Tisch machen. Nach Abschluss der Arbeit legte ich meine Arbeiten dem Großvater von Maren, er war unser Vermieter, vor. Er war älter als mein Vater und wirkte sehr ernst und streng. Er, so schien es mir, sah in meine Seele. Er hatte den Blick eines Adlers und war genau bei der Sache. Meine Rechnungen kontrollierte er: Sie waren alle richtig. Und es ging, ich kann mich gut erinnern, bei einem Deutschaufsatz von mir um das Wort „Gans". Ich war mir nicht sicher, ob ich ein ‚s' oder ein ‚z' am Ende zu schreiben hätte. Er fragte mich nach der Mehrzahl. Und ich sagte: „Gänse". „So", sagte er, „was hörst du?" „Ein ‚s'", meinte ich. „Richtig! Und so schreibst du in der Einzahl auch ein ‚s'." Mir fiel eine Last von der Seele. Endlich hatte ich eine Regel gehört und wohl auch verstanden. Die Laute hängen eng mit der geschriebenen Sprache zusammen. Man kann es hören. Ich kann es hören. Ich hatte noch nie davon gehört! Kennen meine Lehrer diese Regel gar nicht? Ich überlegte, es in der Schule erzählen zu wollen. Es schien mir eine große Entdeckung zu sein. Dieses „Richtig!", diese Zustimmung war wohl auch ein Lob. Ich war glücklich und beeindruckt. Ich hatte das Gefühl, geprüft zu werden – und dies in vielerlei Hinsicht. Dieses trockene, knappe und zugleich so klare „Richtig" war für mich wichtiger als jedes überschwängliche Lob. Ich brauchte kein Kinderlob mehr. Eine nüchterne Bestätigung war ganz in meinem Sinne. Ich wurde als würdig für das ernsthafte Lernen und Leben angesehen. Der Großvater von Maren wusste viel von mir. ‚Er lässt sich nicht täuschen', war mein Gedanke. Und ich wollte bestehen. Er war mein Prüfer, mein Prüfstein. Doch ich merkte auch, dass meine Möglichkeiten zur Beeinflussung gering waren. Ich konnte auf keinen Fall ein Schauspiel oder ähnliches aufführen. Sei korrekt, ehrlich und fleißig! Sei nicht dumm; strenge dich an!

Am Samstag darauf arbeitete meine Mutter wieder im Garten. Es war vielleicht schon der goldene Herbst, von dem manchmal bei uns in der Familie gesprochen wurde. Meine Mutter, unsere Vermieter und eine weitere Nachbarin unterhielten sich im Garten. Sie sprachen, ich hörte es nebenbei, über Pflanzen, Gartengestaltungen, Kinder, auch Bücher und Lebensorte. Und erzählt wurde von der Herkunft, den Hoffnungen, den stolzen Gedanken, Bindungen und Erwartungen. Jeder verdeutlichte seine Kräfte und Konflikte und konnte diese so vielleicht auch klären und zum Teil überwinden. Es wurde, so schien es mir, auch gesprochen, um eine neue Heimat zu stiften. Die Sätze bildeten ein Netz, das sich mit dem Garten, den Pflanzen und den anderen Menschen und ihren Gefühlen verband. Ein Netz wurde gewebt, das sich dann über uns legte. Es richtete wie ein äußeres Feld unsere Gefühle und Gedanken, die Bilder und Wünsche aus. Die Wörter selbst erhielten so ihren Klang und ihre Richtung. Manchmal schien es mir, als ob auch meine Träume und Ängste ausgerichtet wurden. Dieses Netz versprach uns eine Zugehörigkeit und band uns ein.

Meine Schwestern spielten am Nachmittag wieder mit Maren im Garten. Sie trug eine grau-gelbe Strickjacke und hatte lange blonde Zöpfe. Es gab Kekse und Saft. Alles erinnerte mich an die Erntezeit auf dem Hof meiner Großeltern. Und es erinnerte meine Mutter, so dachte ich, bestimmt auch an ihre Eltern und Geschwister, ja an ihre Heimat. Diese hatte sie als junges Mädchen verlassen müssen. Der später geborene Bruder übernahm den Hof. Ihr blieb die Erinnerung an das Leben in der alten Welt. Meine Großeltern waren selbst Flüchtlinge. Und auch auf der Seite meines Vaters war die Familiengeschichte seit Jahrhunderten geprägt von Fluchterfahrungen.

Die Tage waren inzwischen kürzer und die Sonne stieg nicht mehr so hoch. Die Luft war müde und das Licht war leicht milchig gelb. An jenem frühen Nachmittag wurde es jedoch noch einmal richtig warm. Ein Geruch von der Fülle des Lebens lag in ihr. Ich roch die Erdschollen. Es drang in all meine Poren. Die Gerüche und Farben belebten mich. Sie hüllten mich ein wie eine warme Decke und trugen mich. Es war für mich angenehm und berauschte mich. Das alte Leben findet seinen Abschluss im Herbst. Ein neues Leben wird vorbereitet. Diese Stimmung des Übergangs erfüllte mich mit einem guten Empfinden. Kleine Flugdrachen sah ich in Gartenparzellen fliegen. Ich war seltsam eingebunden und zufrieden.

Und ich war froh, an diesem Nachmittag wieder Fahrrad fahren zu können. Das Rad war mein Freund. Immer wieder ging es vom Hinterhof über den Gartenweg zur Nebenstraße und von dort auf einem Rundweg zurück zum vorderen Teil des Grundstücks. Manchmal, wenn ich zurückkam, gab es ein „Hallo". Ich hatte eine leichte Weste aus braunem Cord an und auf dem Kopf trug ich eine grüne Pudelmütze, meine Lieblingsmütze. Auch einige Kinder aus dem Viertel spielten dort und wenige fuhren mit ihren Rädern. Es gab zum Teil kleinere Wettfahrten. Es war immer nur ein Spiel. Ein roter Straßenreinigungslaster der Stadt fuhr an diesem Nachmittag gemächlich durch die Straßenzüge und reinigte diese. Eine große Besenrolle drehte sich und sammelte Laub, Papierreste, Staub und Dreck ein.

Ich überholte die Kehrmaschine, sie fuhr bestenfalls im Schritttempo, immer wieder. Öfters fuhr sie auch wieder rückwärts, um danach einen Platz, eine Kante noch einmal aus einer veränderten Richtung zu reinigen. Beim Radfahren wurde mir warm. Und bei einer dieser Touren nahm ich nebenbei die Pudelmütze ab und stopfte sie unter meine Weste. Als ich nun wieder zurückkkam, rief Maren in einem besorgten Ton: „Deine Mütze ist weg!" Überrascht, dass ihr dies aufgefallen war, antwortete ich leichthin und irgendwie unüberlegt: „Sie ist mir vom Kopf geflogen und die Kehrmaschine hat sie aufgesaugt."

„Aufgesaugt": an das Wort kann ich mich genau erinnern. Stille kehrte für einen Moment ein. Es gab keine Rückfrage oder Ermahnung, nun bitte bei der Wahrheit zu bleiben. Mein Satz wurde, so schien es mir, geglaubt. Was hatte mich getrieben? Mein leichter Ton war mir selbst eher fremd. Höfliche Scherze waren erlaubt. Es überschritt nun eine Grenze. Ich hatte gelogen und stand mir selbst ungläubig gegenüber.

Maren war zumindest beeindruckt und bedauerte mich angesichts meines Missgeschicks. Vielleicht bewunderte sie mich sogar für dieses Unglück. Sie erzählte meine Geschichte den anderen. „Oh, sieh an!"; „Was es nicht alles gibt." Die Geschichte gewann ihren Raum: Sie war interessant. Ich erfuhr eine Aufmerksamkeit, die mich rührte. Doch nach wenigen Minuten wurde mir das Geschehen unangenehm. Es war mir peinlich. Ich hatte mich wichtig gemacht. Eine hilfreiche Korrektur fiel mir nicht ein. Ich wagte keine Deutung, um meinen Satz zu korrigieren. „Oh, dieser Scherz ist mir aber gelungen!" Ich war wie gefangen. Ein Satz hat das Leben verändert. Auch dies konnte ich keinem sagen. Ich war unruhig wie ein verwundetes Tier. Was denken die Menschen von mir? Meiner Mutter sah ich nicht mehr in die Augen. An meinen Vater wollte ich gar nicht denken. Und Marens Großvater ging ich nur noch aus dem Weg. Wie könnte ich seinem Blick standhalten? ‚Ich genüge ihm nicht', dachte ich. Er wird mich durchschauen und entlarven. Der Rausch der Aufmerksamkeit war allemal verflogen. Ich konnte mich nicht erklären. Ich schämte mich.

Noch am späteren Nachmittag legte ich die Mütze in unsere Mülltonne. Ich legt sie sorgfältig, geradezu behutsam zur Asche. Es tat mir zutiefst leid. Doch mir blieb nur dieser Weg. Nur so konnte ich das Unheimliche, das ich angerichtet hatte, verdecken. Und so kam es in gewisser Hinsicht auch: Keiner sprach mehr davon. Wobei es auch daran lag, dass ich den Nachbarn – speziell Maren – einfach aus dem Weg ging.

Ich spürte die Macht der Regeln. Und doch gab es da noch ein kleines Licht der Wahrheit in mir. Immerhin versprach mir meine Übereinstimmung mit ihr eine gewisse Ruhe und Annahme. Doch die Wellen der Welt erfassten mich immer wieder. Ich musste mit ihnen schwimmen. In den Abendstunden betete ich damals immer ein Gebet. In diesen Wochen hatte ich mich selbst dazu verpflichtet, das Gebet fehlerfrei und flüssig dreimal hintereinander zu sprechen. Meistens gab es eine Störung. Ein Geräusch tauchte auf; ich musste schlucken oder husten; der Text geriet mir durcheinander. Ich musste dann, das gehörte zu meiner Abmachung, wieder neu anfangen. Es hat in den Wochen oft gedauert, bis ich einschlafen konnte.

Einige Zeit später, so gegen Ende November, fielen die ersten Schneeflocken. Der Winter kam und es wurde kalt. Und bei der Suche nach meinen Wintersachen fand ich in meiner Kommode meine alte grüne Pudelmütze wieder. Sie lag akkurat bei meiner Winterkleidung und war ganz sauber und frisch gewaschen. Sie war einfach da. Ich hatte sie wieder!

Ich saß sprachlos in meinem Zimmer und konnte mir diesen Fund nicht erklären. Ich hielt die Mütze in der Hand und blieb für mich stillsitzen. Fragen jagten durch meinen Kopf. Ich konnte keine Erklärung finden. Es war wie ein unerwartetes Wunder. Meine Gefühle tanzten. In der Familie nahm es, so schien es mir, jeder einfach hin, dass sie wieder da war. Es gab keine einzige Bemerkung. Wer hatte sie gefunden, gereinigt und bei mir in die Kommode gelegt? Es war für mich rätselhaft. Ich wagte es nicht, darüber zu sprechen. Das Geheimnis wurde nie besprochen.

Am nächsten Morgen sah ich ein rotes Leuchten am Rand des Horizonts. Der Himmel glühte. „Die Engel backen für Weihnachten", meinte meine Mutter leichthin.

Weihnachtsengel

In unserer Wohnung wehte ein Duft von Stollen und Kerzenwachs. Es war still. Alle hatten sich zurückgezogen in Ihre Zimmer. So hatten es meine Eltern bestimmt. Es war der 24. Dezember: Heiliger Abend, der frühe Nachmittag. Dicke Schneeflocken fielen. Ich war in meinem Zimmer und schaute aus dem Fenster auf die Straße und auch zum Himmel. Zuweilen lag ich auf meinem Bett, hörte mein Herz und sah zur Decke. Ob er kommen wird? Wusste er, dass wir warten? Woher hatte er unsere Adresse? Plötzlich hörte ich ein Rascheln auf dem Flur. Diesen durften wir nur betreten, wenn wir zur Toilette mussten. Auch hörte ich ein Klick-Klack. Ob er jetzt gekommen war? Nach einer Besinnung schlich ich vorsichtig und sehr leise auf Socken aus meinem Zimmer. Die Tür hatte ich unendlich langsam und tonlos geöffnet. Es roch nach Marzipan; es war totenstill. Doch dann erklang im Hintergrund leise ein Weihnachtslied. Kam der Klang aus der Küche? Unter der Wohnzimmertür, die nur angelehnt war, sah ich Licht.
Er war also da!

Ich nahm all meinen Mut zusammen und wagte es, die Tür einen Spalt weit aufzuschieben. Ich war überwältigt und sprachlos: Er, der Weihnachtsmann, war nicht da; aber ein heller Engel stand im Raum und strahlte in einem silbrig-gelben Licht, das mit roten und grünen Strähnen durchzogen war. Ich war gebannt und erfüllt von einem unbeschreiblichen Glück. Ich war der Ewigkeit nah. Dann zog ich die Tür zurück und schlich in mein Zimmer. Ich legte mich aufs Bett. Es blieb mein großes Geheimnis.

Sicherlich werden alle, so mein Gedanke, meinen, dass ich nur den Weihnachtsbaum gesehen hätte. Aber ich wusste von dem bezaubernden und menschlichen Engel. Dies ist mir geblieben.

Das Fest, die Eisenbahn und ein Brand

Das mit den Finanzen und dem Geld war für mich eine unklare Angelegenheit. Stellte mein Vater dieses Geld tagsüber in der Firma, in der er arbeitete, her? Und warum mussten auch Beamte Steuern zahlen, wenn sie doch das Geld vom Staat erhielten? Zumindest wurde dies im Fernsehen so immer behauptet. All dies schien mir nicht richtig glaubwürdig zu sein. Seit einiger Zeit erhielt ich nun auch Geld. Und zwar von meinem Vater persönlich. 20 Cent in der Woche. Ich kann mich noch genau daran erinnern, als ich das erste Mal das Geld erhielt. Mein Vater hatte mich an einem Sonntag ins Wohnzimmer gerufen. Er hat mir erklärt, was Taschengeld sei und dass ich dies nun an jedem Sonntag bekommen würde. Ich sollte das Rechnen im Alltag erleben und verantwortlich handeln. Ich könnte es sparen. Aber ich dürfte es auch ausgeben. Doch diese Ausgaben sollte ich genau bedenken. Ich verließ dann die Wohnung und ging die Haustreppe hinab. Ich hatte das Taschengeld in meiner Hosentasche und war unendlich stolz. Ich hatte, so kam es mir vor, eine neue Stufe erreicht.
Ich war auf dem Weg zum Erwachsenensein. Meine Ausgaben waren begrenzt. Esspapier und Gummibären waren für mich interessant und auch bezahlbar. Ich ging öfters zum örtlichen Kiosk und schaute mir die Produkte an. Ich rechnete hin und her. Zwei Gummibären und fünf Blatt Esspapier. Oder nur ein Gummibär und zehn Blatt Papier. Oder doch eine Rumkugel, oder ein Brötchen mit Schokoladenschaum usw. Ich wog die Möglichkeiten ab und rechnete immer wieder neu und überlegte hin und her. Doch dann musste ich nach Haus zum Mittagessen und der Einkauf unterblieb. So sparte ich das Geld an. Später erhielt ich dann einmal im Monat einen Euro. Das war dann das Geld von fünf Wochen. Insofern lag eine Erhöhung vor. Mein Vater meinte, ich solle lernen, über einen längeren Zeitraum zu kalkulieren. Ein Metalllaster interessierte mich besonders. Er kostete 16,95 Euro. Das wären die Taschengeldeinnahmen von 17 Monaten. Immer wieder besuchte ich das Geschäft und schaute mir den Laster an. Doch ich blieb unentschlossen.

Nach einiger Zeit hatte ich ein Interesse an einer Dampflokomotive und einem Gleisbett. Aber dies überstieg meine Möglichkeiten deutlich. So blieb mir nur der Wunsch zum Weihnachtsfest: Eine schwarze Dampflok mit drei Waggons und dazu ein Gleisoval. Das war mein Wunsch. Und die Weihnachtspackung war auch nicht so teuer im Vergleich zu den Kosten einer einzelnen Lok. Sie sollte 59,95 Euro kosten. Insofern kam das unseren begrenzten finanziellen Möglichkeiten in der Familie entgegen. Obwohl, eigentlich brachte ja der Weihnachtsmann die Geschenke.

Doch der Übergang des Buchs unserer Sünden vom Nikolaus über den Weihnachtsmann zum Osterhasen leuchtete mir nicht ein. Auch schien es mir unerklärlich zu sein, wie der Osterhase überhaupt schreiben und malen konnte. Das hatte ich meiner Mutter auf Nachfrage auch erläutert. Sie hört mir zwar zu, aber ich erhielt keine Bestätigung von ihr.

So blieb in mir ein Zweifel, ob es den Weihnachtsmann nicht doch geben würde. Ich mochte ihn an sich sehr. Er war recht freundlich und hatte einen weißen Bart. Aber auf einer Nikolausfeier bei einem Freund hatte ich plötzlich den Eindruck, die Stimme des Vaters des Freundes hören zu können. Doch so richtig klar wurde auch diese Sache nicht.

Auf dem Schulweg hatten wir Gespräche, ob es den Weihnachtsmann gibt. Trotz all meiner Überlegungen und Zweifel gehörte ich zu den Verfechtern der Existenz des Weihnachtsmanns. Diese von mir vorgetragenen Position irritierte mich später. Meine Argumentation war widersprüchlich; ich schien sie situationsbezogen anzupassen. Was ist meine tatsächliche Meinung? Was ist die Wahrheit? Damit öffnete sich eine Perspektive, die nicht so einfach zu beantworten war.

Die Weihnachtstage näherten sich und mir war bang zumute. Ob sich mein Wunsch auf eine Eisenbahn erfüllen würde? Es gab keine Anzeichen, die in diese Richtung gingen. Auch gab es keine Andeutung meiner Mutter, die zwar durchaus diskret und verschwiegen war, aber manchmal doch in der Not eine bedeutungsvolle Bemerkung machte. Inzwischen schneite es; große Flocken fielen. Wir spielten im Garten und bauten Schneemänner und Iglu-Hütten. Doch meine Sorge nagte an mir.

Es kam der Tag der Bescherung. In einer großen Tüte waren für mich viele kleine Pakete. Aber ein großes Paket von einer Weihnachtseisenbahn fehlte; das war sofort offensichtlich. Ich rang mit meinen Gefühlen und öffnete die einzelnen Geschenke. Im ersten Päckchen war eine hoch moderne Elektrolokomotive, die für den Fernverkehr eingesetzt wird. Weiterhin entdeckte ich verschiedene Güter- und Personenwagen. Und ich fand auch einen großen Trafo, dazu einen Tunnel, Baukästen für Häuser, Kleber, einen Schrankenübergang, etliche Gleise. Jedoch gab es für die Kurven nur kleine Gleisstücke und keine länglichen Bögen. Und, dies wurde für mich im weiteren Verlauf klar, es gab für den Trafo kein Anschlussgleis. Die Lokomotive konnte nicht fahren. All dies war lösbar. Aber im Moment der Feier war ich unglücklich. Ich möchte die Elektrolok nicht. Es war zwar ein supermoderner Zug. Und die Elektrolog, das war mir bewusst, war sicherlich wertvoller als eine einfache Dampflok. Jedoch war es nicht mein Wunsch.

So freute ich mich sicherlich auch meinen Eltern zuliebe. Doch ich war ernüchtert, ja enttäuscht. Innerlich machte ich meinen Vater dafür verantwortlich. Wahrscheinlich war ihm eine kleine Dampflok zu weniger wert. Es sollte etwas Besonderes sein. So dachte er. Nur, diesen Zug zum Besonderen möchte ich nicht. Ich wollte einfach normal und glücklich sein.

Es gab nach der Bescherung noch ein Abendessen. Eine Tante war zu Besuch und es wurde gemütlich. Wir sangen vor dem Weihnachtsbaum einige Lieder. Mein Vater hatte Wunderkerzen besorgt. Wir durften uns Kerzen nehmen und anzünden. Es ein helles Funkeln, beinahe unheimlich. Ich entschloss mich, ein Bündel von Weihnachtskerzen zugleich anzuzünden, um ein besonders helles Licht zu erzeugen. Alle schauten mir interessiert zu. Die Temperatur wurde jedoch so groß, dass ich das Bündel nicht halten konnte. Ich ließ es fallen – direkt auf unseren neuen Teppich. Es gab ein großes Geschrei und vielfältige Aktivitäten. Wasser wurde geholt und der Brand gelöscht. Es blieben etliche Löcher im Teppichboden zurück. Die Feier wurde gedämpft fortgeführt. Ich war fassungslos und betroffen, fühlte mich schuldig und wusste gar nicht so genau, was tatsächlich passiert war. Mein Vater sagte dann nur, dass es keine Kerzen und Wunderkerzen mehr im Haus geben würde. Feuer wurde zu einem problematischen Thema bei uns in der Familie.

Metallkugeln

Das Geld war bei uns immer knapp. Jeder Cent wurde umgedreht. Jede Ausgabe bedacht.
Nach drei Tagen des Nachdenkens war mancher Wunsch auch überwunden.

Wir wohnten in einer Fabrikgegend. Auf den Blättern der Bäume lag Ruß.
Nach dem Trocknen der Wäsche auf dem Balkon war diese oftmals grau.
Seltsame Gerüche durchzogen die Straßen der Stadt.
Chemische Stoffe vermengt mit Staub legte sich gelblich auf die Böden und Wege.
Eine Sehnsucht nach Glück prägte uns. Schlagermusik beflügelte unsere Fantasien.
Träume ließen uns hoffen von einem anderen Leben.

Mittwochs holte ich meine Mutter von der Näherei, in der sie arbeitete, ab.
Wir gingen dann zum örtlichen Marktplatz und besorgten Gemüse und Obst.
Dazu hatte ich meinen Rucksack, Taschen und manchmal auch Körbe dabei.
An einem Tag musste ich auf sie warten. Ein Auftrag war noch zu erledigen.
Während der Zeit schlenderte ich in der Nähe durch ein Brachgelände und fand metallische Kugeln.
Sie lagen verstreut im Sand und waren in etwa so groß wie Pflaumen und glänzten bläulich-rot.
Ich nahm einige mit.

Einige Wochen später hörte ich von einer Sammelstelle für Altmetall.
Das Abgegebene würde bezahlt.

So suchte ich weitere Kugeln auf dem Gelände.
Mit einem Stock öffnete ich die sandigen Böden.
Zuhause versteckte ich meine Funde im Keller in einer Sperrholztruhe.

Ich vernahm, dass das Brachgelände zu einer alten Fabrik gehören würde.
Man dürfte es nicht betreten. Es wäre untersagt.
Doch ich suchte weiter.
Ein Wollen in mir verdrängte alle Fragen und Zweifel.
Ich fand in etwa 2.000 Kugeln.
An einem Freitag ging ich mit drei Kugeln zur Sammelstelle für Altmetall.

Ein älterer Mann schaute skeptisch.
Er betrachtete die Kugeln mit einer Lupe und dann sehr lange unter einem Mikroskop.
Er wog sie und schaute in einem Fachbuch nach.
Er meinte, dass sie aus einer besonderen Legierung bestehen würden.
Sie wären ausgesprochen präzise gefertigt.
„Wo hast du sie her?"
Ich erzählte vom alten Fabrikgelände.
„Oh!", meinte er: „Wo kein Kläger, da ist kein Richter. Aber pass auf Dich auf."
Ob ich noch mehr Kugeln hätte? Ich nickte.
Er würde vielleicht einen Abnehmer kennen.

Wir machen, so führte er aus, einen Handel: „Du bringst mir die Kugeln, und ich organisiere den Verkauf."
Den Erlös würden wir teilen.
Mehrmals musste ich gehen, um die Kugeln zu transportieren.
Nach zwei Wochen erhielt ich einen Briefumschlag mit einem Verrechnungsscheck über 6.000 Euro:
„Der Scheck muss von Deiner Mutter eingelöst werden. Sie kann sich das Geld eventuell auch bar auszahlen lassen. Für jede Kugel gab es 3,50 €, da sie so präzise gefertigt sind. Für die abnehmende Firma ist das kein Altmetall. Es sind echte Maschinenteile."
Mir gab er noch 500 Euro auf die Hand. Außerdem erhielt ich ein Buch über Metalle.

Meine Mutter war überrascht und bewegt. Wohl war sie stolz auf mich.
Im Begleitschreiben lobte der Händler meinen Geschäftssinn und meine Aufmerksamkeit.
Viel später erfuhr ich, dass er ein Kunde bei meiner Mutter in der Näherei war.

Ein Diebstahl und die Richtung einer Kompassnadel

Mitten im Raum, kaum sichtbar, steht ein schwarzer Hügel. Um ihn herum sind Lichter. Eine rote Kompassnadel dreht sich unaufhörlich. Ich wache auf: ‚Such dir einen Plan'. Der Satz stürzt mich in ein Dunkel. Bin ich noch im Traum? Nach einem Gottesdienst träumte ich zum ersten Mal diesen Traum. An dem Tag gingen mein Vater und ich früh zu einer Kirche, ein Haus mit großen Fenstern. Meine Mutter hatte uns geschickt. Dies war merkwürdig, denn mein Vater hatte keine engere kirchliche Bindung. Der Gottesraum war nicht so groß, eher einfach, aber gemütlich. Wir saßen nebeneinander auf einer Holzbank: Vater war ganz ruhig. An die Lichter erinnere ich mich; einige Lieder wurden gesungen; gebetet wurde und geschwiegen. Ein goldenes Licht sah ich. Gesprochen wurde von Gott und Jesus. Jesus sagte mir was: „Jesus ist dein Freund im Leben." So hatte meine Mutter mir dies erklärt. Die Wörter Schuld, Vergebung und Herrlichkeit fielen. Eine Stille prägte den Raum; alle Bewegungen waren verlangsamt. Etwas ist, so dachte ich, falsch gelaufen. Ich spürte bei meinem Vater eine Einsamkeit, die mich berührte und beunruhigte. Was war los? Wir saßen da beide mit einem schlechten Gewissen. So empfand ich es. Wie können wir die Ordnung wiederfinden? Ich dachte an mein Briefe-Drama. Mein Vater war verreist. Täglich gingen meine Mutter und ich um elf Uhr zum Briefkasten. Vaters Post durfte ich in die Wohnung tragen. Als er wieder zurückkam, gab es eine Unruhe. Er suchte Briefe, Verträge, Anweisungen, Korrekturen, Mitteilungen usw. Mutter schickte ihn zu mir. Ich lag, als er kam, bereits im Bett, hielt gerade einen großen Umschlag in den Händen und schaute ihn mir an. „Da ist ja die Post." Vater war irritiert. Er erklärte mir, was Briefe und Karten sind und welcher Wert sich damit verbindet. Es gibt Umschläge, Inhalte, Empfänger und Absender. Die Post transportiert die Briefe. Die Zeichen auf dem Umschlag nennen den Empfänger. Wir zahlen mit Marken, die man im Postamt kaufen kann. Die Marken kleben wir auf die Briefe und die Post stempelt die Marken ab. Sie werden so entwertet. Keiner darf sich fremde Briefe aneignen. Auch Kinder dürfen sich nicht die Briefe der Eltern nehmen. Ich hätte die Post auf seinen Tisch legen müssen. Ich wäre ja noch klein und könnte dies gar nicht alles wissen. Aber Mutter hätte mir dies doch erklärt. Warum hätte ich das nicht beachtet? „Ich wollte auch mal Post haben. Alle Briefe sind nur für Dich!" Vater stutzte. Ich musste dann aber alle Briefe rausgeben. Vater schenkte mir eine Bildkarte mit einer Lokomotive. Eine Karte nur für mich: Das hat er auf die Karte geschrieben. In den weiteren Wochen bekam ich von ihm noch zwei Karten. Diese Karten, die wir im Briefkasten fanden, durfte ich behalten. Ich war der Empfänger. Mutter hat mir dies vorgelesen. Ich ging ja noch gar nicht zur Schule. Auf einer Karte waren bunt gekleidet Menschen zu sehen: „Karneval in Barcelona", meinte Mutter. Ein Clown war auch dabei. Eine Karte kam aus Budapest. Eine große Brücke war abgebildet. Diese Karten habe ich bei mir ans Bett geklebt. Meine Post! In diesen Wochen gab es einmal ein sehr lautes Gespräch zwischen meinen Eltern in der Küche. Ich spielte im Wohnzimmer und wollte das nicht hören. Nur vorsichtig hörte zu. Doch ich verstand nicht, um was es ging. Die Wörter Karte und Schuld hörte ich. Am Tag danach gingen wir zur Kirche. ‚Warum sind wir hier', fragte ich mich. Ging es um diese Briefe? War Vater von mir enttäuscht? War Mutter enttäuscht? Achtet Vater auf mich? Es gab keine Erklärung, keinen Hinweis. Wie hängt das mit der Schuld zusammen, von der in der Kirche berichtet wird? Hatte Vater auch Briefe entwendet? Schuld, was ist das? Warum immer wieder diese Stille im Gottesdienst? Hatten alle Gäste eine Schuld? Hatten sie Briefe versteckt? Ist es wichtig, eine Schuld zu haben? Es war eine große Feier. Wegen einer Schuld? Hatte auch Gott eine Schuld? Oder war er nur für die Vergebung da? Aber was kann er vergeben? Dass ich die Briefe versteckt hatte? Kennt er sich damit aus? Wer war sein Vater? Und überhaupt: Was ist ein Gewissen? Verschickt Gott Briefe? Oder sprechen wir mit Gott nur über unsere Gebete? Manche werden nur im Kopf gedacht. Wie geht das dann? Muss das bezahlt werden? Was passiert, wenn diese Gebete verloren gehen oder entwendet werden? Was ist eigentlich ‚verloren gehen'? Irgendwo sind sie doch? Ich konnte mir keinen Reim machen. Dann diese Ruhe und Nähe zu meinem Vater. In mir war deutlich der Gedanke, dass ich bei Vater bleiben muss: ‚Wir müssen zu uns halten'. Ich überlegte immer wieder neu und kombinierte die Einsichten. Ich dachte über Vater und Mutter nach. Wie war das mit meinen Eltern? Mein Vater hatte manchmal die Neigung, seine Umwelt zu irritieren. Damit verband sich ein Spott, der von seiner Umgebung unterschiedlich aufgenommen wurde. Mal war man amüsiert; manchmal verwundert. Seine Scherze und Bemerkungen belebten die Gespräche. Doch einige blieben auch distanziert. Vielleicht waren sie verletzt? Ich mochte diese Seite von ihm nicht immer. Er konnte so Situationen lockern und auch Spannungen lösen. Doch zugleich entstanden auch neue Widersprüche. Er prägte so das Miteinander. Vielleicht, so dachte ich, liegt es auch darin begründet, dass meine Mutter diesen Humor nicht immer positiv quittierte. Es gab da eine Spannung zwischen meinen Eltern. Es war nicht symmetrisch und stabil. In diesen Wochen sammelten mein Vater und ich Äpfel, die wir neben den Landstraßen fanden. An einem Samstag fuhren wir zu einer Mosterei, gaben die Äpfel ab und erhielten Flaschen mit Apfelsaft. Auch eine Karte mit einem Bild von Äpfeln bekam ich geschenkt. Wie kommen die Äpfel in die Flaschen? Die Saftflaschen stellten wir bei uns in die Küche. Die Apfelkarte klebte ich an mein Bett. Dabei fand ich einen Brief, der auch an meinen Vater adressiert war. Ich hatte ihn übersehen. Keiner hatte diesen

Brief bisher gesehen. Aber vielleicht vermisst? Mir wurde kalt und zugleich warm. Es war nicht angenehm. Ich wollte es nicht glauben. Was sollte ich machen? Immerhin, es war ja eine Entdeckung. So war es nicht negativ. Aber doch überkam mich eine Angst. Ein Gefühl der Enttäuschung über mich selbst trat auf. Wieder war was nicht in Ordnung. Wieder ging es um Briefe. Wieder war ich daran beteiligt. Wie kann ich dies nur erklären? Ich wollte nicht lügen. Ich kannte den Wert der Post. Im Bett lag ich und suchte nach Sätzen. Dann stand ich einfach auf, ging zum Schlafzimmer meiner Eltern und klopfte. Es war früh am Morgen. Ich ging rein und gab meinem Vater den Brief: „Den habe ich noch gefunden." Vater war müde und schaute verwirrt. „Oh!" Mutter meinte: „Gott sei Dank." Beide schauten sich an und schwiegen. Waren sie böse? Freuten sie sich? Waren sie erleichtert? Vater lächelte etwas. Mutter fragte: „Ist da noch mehr an Post? Wir schauen uns das nachher noch einmal an." Und Vater: „Geh noch einmal schlafen. Es ist schon in Ordnung." Beim Rausgehen hörte ich Vater: „Ich habe mich also gekümmert." Mehr hörte ich nicht.

Der Traum mit der sich drehenden Kompassnadel kam einige Jahre später wieder. Die Stadtbibliothek hatte uns geschrieben. Bücher sollte ich zurückgeben, die ich ausgeliehen hatte. Ich hatte die Bücher nicht mehr, da war ich mir sicher. Ich hatte sie zurückgegeben. Doch die Stimmung war bei uns nicht gut. Ein fragendes Gefühl, eine versteckte Anklage lauerten in den Räumen. Meine Mutter und ich, der ich ja nun schon längst lesen konnte, aber noch nicht erwachsen war, besuchten die Bücherei und sprachen mit dem Leiter der Bibliothek. Die Stimmung war gereizt. Sechs Bildbände von Lokomotiven, U-Booten und Flugzeugen fehlten. Ich hatte sie nicht zurückgegeben. Die Ausleihkarten zeigten dies. Das Ausleihsystem der Bibliothek funktionierte so, dass man für jedes Buch eine Karte, die sich im Buchrücken befand, bei der Ausleihstation abgeben musste. Vorher musste man seinen Namen eintragen. Der letzte Name war immer der Ausleiher. Ein Datum wurde auch eingetragen. Tatsächlich war mein Name als letzter auf den Karten eingetragen. Aber, war es meine Schrift? Sie war meiner ähnlich. Bei den Zahlen konnte ich aber sehen, dass nicht ich das Datum eingetragen hatte. Bei der eins war jeweils am Fuß ein kleiner Bogen. Wer hatte das gemacht? Und warum gleich bei so vielen Büchern mit meinem Namen? Oder hatte ich einfach meine Schrift verändert? Das Gespräch war kompliziert. An die zugehörigen Bücher konnte ich mich gut erinnern. Ich hatte sie mir ja sogar mehrmals ausgeliehen; aber halt auch immer wieder zurückgegeben. Zuhause hatte ich mir sehr lange die Bilder von Eisenbahnen, Schiffen, U-Boote, Flugzeuge, Brücken und Tunnelanlagen angesehen. Meine Mutter und der Leiter der Bibliothek befragten mich. Was konnte ich noch machen? Die Stimmung war rätselhaft. Meine Mutter verteidigte mich. Doch sie wirkte unsicher und zaghaft. Das störte und beunruhigte mich. Der Leiter war nicht überzeugt.

„Wie kann man sich dies sonst erklären?" Ich schaute mir die Karten noch einmal an. Auf einer Karte fiel mir auf, dass in einer Zeile die Zahlen beim Datum mit einer blau-grünen Farbe ähnlich eingetragen waren wie in der letzten Zeile, in der mein Name stand. Ich verwendete immer einen hellblauen Schreiber. Dies sagte ich auch und meine Mutter bestätigte dies. Beide, meine Mutter und der Leiter, schauten sich die Karte noch einmal an. Da stand auch der Name eines Schulfreundes. An dem Tag kam es zu keiner Klärung. Wir gingen still nach Hause. Mir war nicht wohl zumute. Was sollte ich meiner Mutter noch sagen? In mir war ein Selbstzweifel. Einige Tage später erhielten wir einen Brief von der Bücherei. Tatsächlich hatte mein Schulfreund die Bücher entwendet. Er hatte die Schwachstelle im Verleihprozess erkannt und sie für sich ausgenutzt. Er wollte die Bücher haben. Es hatte ihm nicht gefallen, dass ich sie mir so oft ausgeliehen hatte. Ich war überrascht. Da war eine Schuld, die sich selbst seltsam erklärte. Mein Freund hatte mich genau im Auge gehabt. Mir war dies entgangen. An diesen Tagen träumte ich vom Kompass. Die Freundschaft mit dem Schulfreund hat sich von diesem Zwischenfall nur sehr langsam wieder erholt. Es gab dann eine Zeit, in der wir miteinander Modellschiffe und Plastikflugzeuge bauten und sammelten. Als ich jedoch an einem Tag mitbekam, dass er in einem Warenhaus, in dem meine Mutter als Verkäuferin arbeitete, Klebstoff entwendete, kam es darüber zwischen uns zu einem heftigen Streit. Ich habe mich zurückgezogen und die Freundschaft aufgegeben. Zum Abschied – ich fuhr mit meinem Fahrrad spät an einem Abend im Regen noch zu ihm – schenkte ich ihm meine Flugmodelle.

Eine Butterfahrt

Es war zu der Zeit, als noch Butterfahrten an den deutschen Küsten gestaltet wurden. Kleinere Ausflugsschiffe mit etwa 300 bis 500 Passagieren fuhren ins benachbarte Ausland und ermöglichten einen zollfreien Einkauf für begrenzte Mengen an Alkohol, Butter, Kaffee, Süßigkeiten und Tabakwaren. So fuhren auch Schiffe von Ostangeln nach Dänemark. Diese Fahrten waren im Sommer besonders bei Urlaubern beliebt, da sie auch halfen, die Zeit abwechslungsreich zu gestalten. Sie waren erschwinglich. Zum Teil pausierten die Schiffe im Zielhafen und ermöglichten sogar Aufenthalte für einige Stunden. Manche Boote legten aber auch nur kurz an oder warfen ein Seil aufs Festland, um gleich wieder zurückfahren zu können. Die Betreiber lebten vom Verkauf der Fahrkarten; dazu kamen die Bewirtungen und Verkäufe auf den Booten. Die zollfreien Waren wurden während der Fahrt angeboten. Auf einigen Booten wurde der Verkauf eröffnet, sobald auf dem Meer die notwendige Grenzentfernung zum Festland überschritten war. Oftmals wurden die Reisenden in der Reihenfolge ihrer Kartennummern zum Einkauf aufgefordert. Im Verkaufsbereich gab es dann ein fortwährendes Kommen und Gehen, zum Teil auch ein Gedränge.

Erinnerlich ist mir eine Fahrt, an der gut fünfzehn Familienmitglieder, Freunde und auch einige uns bekannte Gäste teilnahmen. Die Fahrt führte von Kappeln nach Sønderborg in Dänemark. Bereits einige Tage vorher hatten wir die Karten reservieren lassen. Das Wetter war gut; die Ostsee plätscherte ruhig vor sich hin. Einige Wolken waren hin und wieder zu sehen; doch es war trocken, die Sonne schien und ein leichter Wind wehte. Auf dem Meer fuhren Motorboote mit Kajüten und Segelboote. Auch sahen wir Frachtschiffe und Tanker. Weiterhin tauchten Minenräumer, Schnellboote und kleinere Fregatten der deutschen Marine auf. In Abständen flogen Abfangjäger am Horizont und manchmal sogar in Meereshöhe. Einmal kreuzten zwei Aufklärer unseren Ausflugsdampfer in vielleicht 100 m Höhe.

In Sønderborg verließen wir gemeinsam das Schiff und besuchten für einige Stunden die Innenstadt. Und wir Kinder durften uns von unserem Taschengeld eine große dänische Eiskugel kaufen. Wir waren begeistert. Auf der Rückfahrt wurden von den Älteren vorrangig Butter, Schokolade, Wodka und Zigaretten gekauft. Auch wurde auf dem Schiff Kuchen bestellt und es wurden mitgebrachte Brote verzehrt. Auch wurde Bier getrunken.

Es war nur eine kurze Meeresenge, die wir befuhren, deshalb konnten wir auf der Fahrt fast immer ein Festland sehen. Dies beruhigte uns. Und bei dem schönen Wetter hatte auch keiner Ängste. Obwohl gerade für die kleineren Kinder das Meer sehr furchterregend sein kann. Zugleich zieht das Wasser viele Menschen magisch an. Es ist wie ein Sog. Ich kann mich an Butterfahrten bei stürmischem Wetter erinnern, die bei mir zu Respekt vor dem Meer und den Kräften der Natur beigetragen haben.

Bei der Rückkehr in Kappeln gab es bei der Zollabfertigung Probleme. Ein Onkel wurde angehalten, da er zwei Großpackungen Butter gekauft hatte. Die Butter war in weißen Pappkartons neutral abgepackt. Man durfte jeweils nur eine Packung mit insgesamt 5 kg Butter zollfrei einkaufen. Er selbst konnte sich an die zweite Packung, so bei der Verständigung mit dem Zoll, gar nicht richtig erinnern. Es kam zu einem Hin und Her. Letztlich zahlte er die Zollgebühr und durfte mit einer Ermahnung das Schiff verlassen. Wobei er in bester Stimmung war, denn die zweite Butterpackung hatte er nun an sich weitgehend kostenfrei bekommen. Da muss es im Durcheinander ein Missverständnis oder einen Irrtum gegeben haben. Im Überschwang der Gefühle lud er alle Verwandten zu einem kleinen Umtrunk am Abend ein.

Derweil wurde unerwartet auch meine Großmutter vom Zoll festgehalten und befragt. Meine Großmutter musste ihre Handtasche ausschütten. Hierbei fanden die Zollbeamten neben Streichhölzern, Parfüm, Taschentüchern, Merkzetteln, auch ein Taschenmesser, Pfefferspray, etliche Schlüssel und Papiere, einen Ausweis, Haarnadeln, ein Etui und eine Brille, Gummibänder, einen Schraubendreher, einen Apfel, Kekse und letztlich zwei Zigarettenstangen. Meine Großmutter hatte nur eine angegeben. Und nur eine war erlaubt. Die Stimmung war nicht gut. Meine Großmutter verteidigte sich; aber sie wirkte nicht glaubwürdig. So musste sie den Zollbetrag für eine Stange nachzahlen und zusätzlich eine geringe Strafgebühr. Ich war erstaunt, insbesondere auch, da meine Großmutter zu mir beim Weggehen meinte, dass sie dies immer so machen würde. Es sei ein Spiel, das sie mit dem Zoll spielen würde. Und meistens hätte sie Glück. Mein Großvater, er war Postbeamter in einem kleineren Amt, schüttelte leicht den Kopf. Zur Krönung der Ereignisse kam, dass eine Tante den Zoll für Schnaps nachzahlen musste. Damit war der Ruf unserer Familie – so mein Empfinden – für den Zoll gefestigt und ruiniert. Zugleich war ich aber auch irgendwie fasziniert von den Begebenheiten. Meine Verwandtschaft hatte ich noch nie so erlebt. Sie stellten sich ansonsten als Anhänger von Recht und Ordnung dar; und sie waren an sich immer auf der Seite des Staats bei Konflikten mit Demonstranten usw. Auch verteidigten sie die Bundeswehr in ihrer Bedeutung und standen in Distanz zu ›den Intellektuellen‹ und ›Systemkritikern‹.

Das Tun meiner Großmutter und speziell ihre Begründung ließen mich ratlos zurück. Wir hatten in meinen ersten Stunden des Konfirmandenunterrichts gerade die Gebote besprochen, und mein Gefühl sagte mir, dass meine Großmutter die Gebote »Du sollst nicht stehlen« und besonders »Du sollst nicht lügen« nur bedingt achtete. Andererseits imponierte mir, dass sie sich so entschlossen – und mutig? – über die Zollvorgaben hinwegsetzte. Aber das Unbehagen meines Großvaters konnte ich auch gut verstehen. Wobei mein Großvater nicht viel sagte. Abends gab es bei meinem Onkel noch den angekündigten kleineren Umtrunk verbunden mit Bratwürstchen auf dem Gartengrill. Die Stimmung war heiter. Bis weit in die Nacht wurde erzählt, gescherzt und gelacht. Am nächsten Tag schliefen alle bis zum späten Vormittag. Insgesamt lag eine merkwürdige Ruhe auf dem kleinen Hof. Sogar die Schweine schwiegen im Stall. Dies war aber doch irgendwie verdächtig. Eine Nachschau im Stall führte zu hektischen Aktivitäten. Die Ferkel lagen überfüttert im Stall und rangen um ihr Leben. Sie hatten zusätzliches Futter erhalten. Ein weiterer Onkel von mir hatte zusammen mit dem örtlichen Tierarzt intensiv zu tun. Es stellte sich später heraus, dass meine jüngere Schwester und Volker, ein Cousin, im Ferkelstall großzügig Getreide zum Fressen ausgeteilt hatten. Beide waren unauffindbar. Bei allem Ärger machten sich alle Sorgen. Der ganze Hof wurde abgesucht: Die Ställe, die Wohn- und Außenbereiche. Gefunden wurden sie auf dem Dachboden hinter einem roten Sofa. Sie hatten sich dort versteckt. Den Schweinen, so ihre Erklärung, sollte es auch mal gut gehen. All dies führte zu diskreten erzieherischen Gesprächen. Alle Ferkel haben die besondere Fütterung überlebt.

Zur Kaffeezeit erhielt meine Großmutter einen Anruf aus dem Dorf mit der Information, dass der Pfarrer in der letzten Nacht angetrunken die Kontrolle über sein Fahrzeug verloren hätte und in eine Gartenanlage gefahren wäre. Der Pkw stand noch bei einem Baum, den er gestreift hatte. Eine launige Entschuldigung lag in der Frontscheibe. Der Pastor! Betrunken! All das entsprach nicht meinen Vorstellungen vom Leben und seiner Ordnung. Das Verhalten des Pastors wurde ausgiebig besprochen. Seltsamerweise wurde es auch von meinen Verwandten, die am Tag vorher noch den Zoll betrogen hatten, missbilligt. Zwar wurde der Pastor für seine lebendige Art gelobt; aber als Amtsperson hätte er sich anders zu verhalten. Merkwürdig war, dass mir keiner meiner Verwandten als Gottesdienstbesucher bekannt gewesen wäre. Die Abfolge von ungewöhnlichen Ereignissen in diesen Tagen war belebend, aber irgendwie auch unbegreiflich.

Mich interessierte, warum meine Großmutter überhaupt Zigarettenstangen kaufte. Sie war Nichtraucherin; mein Großvater rauchte Zigarren. Sie würde diese, so ihre Auskunft, Handwerkern geben, wenn kleinere Gefälligkeiten hilfreich wären. »Für eine Schachtel wird gerne mal eine Sicherung oder Schraube erneuert.« Auch sprach ich mit meinem Großvater über die Fahrt. Er paffte in seiner Amtsstube eine Zigarre und seufzte. Er fragte mich, ob ich Vögel gesehen hätte. Ich erzählte von den Möwen und einem weißen Seeadler: »Er hat uns bis nach Dänemark begleitet.« »Auch zurück?« Ich schüttelte den Kopf. »Nun, vielleicht war es sein

Rückflug in die Heimat.« Dabei nickte mein Opa und meinte noch: »Die Natur ist erstaunlich.« Er schwieg einige Momente und erzählte mir plötzlich von seiner Schul- und Jugendzeit in Dänemark. Das hörte ich zum ersten Mal. Er erwähnte die Flucht seiner Familie im letzten Moment und die Jahre danach in Deutschland. Die Fahrten nach Dänemark würden ihn bewegen. Er schaute auf die Linde vor dem Fenster. Sein Amtstelefon klingelte.

Gegen achtzehn Uhr gab es von meinem Onkel, der am Abend vorher die Feier ausgerichtet hatte, einen Anruf bei meiner Großmutter. Die zweite Butterpackung, so teilte er leicht gedämpft mit, enthielt gar keine Butter, sondern Bonbons. Die Verpackungen würden gleich aussehen. Doch daran hätte er sich beim Zoll nicht erinnert. Die Bonbons waren in der gekauften Menge, die er korrekt bezahlt hatte, an sich zollfrei. Eine gewisse Katerstimmung lag bei ihm und in der ganzen Familie vor. Dennoch haben sich alle – gerade im Rückblick – prächtig amüsiert. Bei späteren Begegnungen und Treffen in der Familie wurde hin und wieder begeistert davon erzählt.

Tage später träumte ich von einem Mobile aus Vögeln und Blättern, die sich umkreisten. Es schwebte frei im Raum. Das Gebilde war stabil. In der Mitte war nur eine Leere.

Eine Freundschaft
(Protokollfragment)

„Von mir willst du den Weg erfahren?" „Ja", sagte ich (…) „Gibs auf, gibs auf",
sagte er und wandte sich mit einem großen Schwunge ab, so wie Leute,
die mit ihrem Lachen allein sein wollen." Kafka, Franz (*)

Als ich am Nachmittag zu Besuch kam, lag Pit bereits im Bett. „Bist du müde? Krank?" „Nein, nein", lautete die Antwort. „Vielleicht aber doch." Er wirkte auf mich leicht verlegen. Seine Zähne hatte er sich geputzt: „Ich habe mich dann ausgezogen und schlafen gelegt. Mir fiel auf, dass es gar nicht dunkel war." Wir schauten uns an und schwiegen. Eine Spur von Verunsicherung wurde spürbar, wohl auf beiden Seiten. „Ich putze mir abends immer die Zähne und gehe schlafen." „Du bist überarbeitet. Mach Urlaub!" Wir sprachen über Rituale und über den Menschen als Tier und als geistiges Wesen. Diese Verbindung zwischen den Dimensionen interessierte uns. Vielleicht auch, da sie den Glauben berührt. Und dieser Glaube spielte eine Rolle in unserem Leben. Er verband uns. Heute erscheint es mir so, als ob dieser Glaube uns ein anerkanntes Abseits im gesellschaftlichen Leben und einen sicheren Ort außerhalb der üblichen Sphären ermöglichte. Einen simplen Humor teilten wir und eine gewisse Unbekümmertheit und Lebendigkeit prägte unsere Begegnungen. Bei manchen Gesprächen kam ich mir sehr erwachsen vor. Es gab auch spektakuläre Aktivitäten. Ich erinnere eine ‚Schimpfreise' an die innerdeutsche Grenze: Wir stellten uns vor die örtlichen Mikrofonanlagen und sprachen von Menschenrechten und Freiheit. Wie naiv waren wir! Es gab eine Kanufahrt bei einem Sturm auf der Ostsee. (Mehrere Menschen verunglückten. Es gab Todesfälle. Wir haben den Schrecken erst später realisiert.) In einem Winter fuhren wir nachts von einer Festveranstaltung hinter einem Bus in Pits Ente bei kräftigem Schneetreiben fast dreißig Kilometer nach Hause. Bei mir vorm Haus sprang ich aus dem fahrenden Pkw, da wir Angst hatten, dass der Wagen sonst nicht mehr fahren würde. Ich landete in einer hohen Schneewehe. Pit gab Gas und fuhr weiter. Es gab viele kleinere Begegnungen: Lange Diskussionen nachts im Kanu auf einem See erinnere ich und Fütterungen von Enten am Wochenende. (Manchmal kauften wir frisches Brot dafür.) Die Besuche verliefen oftmals ähnlich: Wir erzählten und gingen dann auseinander. Jedoch standen wir noch im Flur oder vor der Haustür und sprachen weiter. Manchmal waren diese Nachgespräche – wie eine späte Zigarette (wobei wir beide nicht rauchten) – viel länger als die ursprüngliche Verständigung. Hierbei trat eine Übereinstimmung auf, die vorher so nicht spürbar war. Die Abschiede waren immer unsere besonderen Leistungen. Von Pit wusste ich familiär kaum etwas. Es gab die Eltern und Geschwister. Ich kannte noch nicht einmal die Namen. Erinnern kann ich mich an ein Telefonat, das Pit im

Flur führte. Es ging ums Wetter und vergleichbare Belanglosigkeiten, die aber gar nicht so harmlos waren. Ich hörte Gesprächsfetzen: „Du hast eine Freundin?" / „Von Mama." / „Dörte?" / „Witzig." / „Also echt." / „Maren, gut." / „Wie alt?" / „Und hübsch?" / „Seit wann?" / „Super?" / „Mega?" / „Okay, mega-mega-super." / „Genug!" / „Ich muss auflegen." / „Bestimmt." / „Ja, ich muss." / „Tschau." Er kam nach einigen Minuten ohne Kommentar zurück. Einmal suchte er in seiner Wohnung nach Quittungen. Ich half ihm und öffnete eine Schublade. Hunderte Rechnungen, Belege, Quittungen, Mahnungen, Nachweise, Notizen, Kartengrüße und so weiter fand ich. Es rührte mich. Doch ich war auch irritiert. Lag eine Verwahrlosung vor? Die Zettel sortierte ich. Es blieb später bei einem Lächeln. Auch gab es eine gemeinsame Reise von uns mit Freunden über Silvester ans Meer. Unvergessen ist für mich ein Gottesdienst in der Silvesternacht: Das Gedicht ‚Wer bin ich?' von Bonhoeffer war das Thema. ‚Von guten Mächten' wurde gesungen. Ein Kontext, der uns wortlos verband. Aber dieses Band hielt nicht alle Lebensräume zusammen. Über den Frieden auf der Welt und in unserem Land haben wir öfters diskutiert. Pit sprach einmal vor einer kleinen Jugendgruppe über den Volkstrauertag. Da tauchten Gedanken und Fragen auf, die für mich ganz neu waren. Es klang klug. Ich selbst beschäftigte mich mit dem wissenschaftlich-militärischen Komplex. Vernichtet der menschliche Geist seine Grundlagen in dieser Welt? Gehört der Tod zwingend zur Natur? Auch zum Geist? Wandeln sich folgerichtig auch unsere Vorstellungen von Gott und von den Ideen? Haben wir eher kindliche Vorstellungen vom Wesen der Welt und auch von den Theorien? Diese Fragen, geboren in ökologisch-philosophischen Kontexten, beunruhigten uns. Unbewusst verbanden sie sich mit den Fragen zur Schuld. Hier kamen Glaube, Wissenschaft, Weltgegebenheiten und individuelles Erleben zusammen. Doch sauber aufgelöst wurde es nicht von uns. Es blieb eine verunsichernde Wolke, die uns beschäftigte und manchmal auch lähmte. Dies war selbst Teil unserer Hintergründe, die uns einbanden. Ich ging dann zur Armee. Es war der vorgeschriebene Dienst, dem ich mich nicht entziehen wollte. Meine Gewissensbisse kamen mir nicht zwingend vor. Die Bedeutung der Pflicht schien mir nachvollziehbar zu sein. Der staatliche Auftrag war aus meiner Sicht begründet. Pit wurde aus gesundheitlichen Gründen nicht eingezogen. Meinem Handeln stand er skeptisch gegenüber. In diesen Monaten hatte ich kaum noch Kontakt zu meiner ursprünglichen Lebenswelt. Alles schien verschoben und die Erfahrungen waren für mich ungewohnt und ungewöhnlich. Mein Kontakt zu Pit lockerte sich. Es traten Bruchlinien auf, die wir sprachlich nicht darstellen und vermitteln konnten. Später erfuhr ich, dass Pit mit einer Frau aus meinem sehr nahen Umfeld in dieser Zeit eine Beziehung hatte. Ich hatte es nicht mitbekommen. Keiner hatte etwas erzählt. Hatte ich mich so sehr entfernt? Ging es mich etwas an? Es berührte mein Vertrauen zu den beteiligten Mitmenschen. Die Kontakte waren intensiv. Verletzte es mich? Es waren für mich ungewohnte Gefühle. Waren diese berechtigt? Wie ist das Verhältnis von Gefühl und Norm? Mit Pit kam es einige Jahre später zu einigen Begegnungen und Verständigungen in einer anderen Stadt, in der wir zur gleichen Zeit lebten und uns zufällig trafen. Eine Vertrautheit war wieder da. Wir sprachen von unseren alltäglichen Begebenheiten. Manchmal fuhren wir bei Regenwetter mit der Straßenbahn durch die Stadt. Wir schauten uns Gebäude und Brücken an. Auch besuchten wir Ausstellungen. Allemal ging es wieder um die großen Gedanken und Ideen. Mein Thema war die Physik und ich fragte im philosophischen Kontext nach den Zusammenhängen von Theorie, Simulation und Experiment. Pit war mit politischen und sozialen Themen und speziell mit den Folgen der Armut in unserer Welt beschäftigt. Werden alle Menschen zu Flüchtlingen in unserer modernen Welt? Wird die Heimatlosigkeit zum Weltschicksal für alle Menschen? Was versteht die Wissenschaft unter einer Erbsünde? Welche Technik benötigen wir, damit der Hunger auf der Welt besiegt werden kann? Meine abstrakten Gedanken kamen Pit zu lebensfern vor. Sein Weltzugang schien mir dagegen von einem beinahe blinden Aktionismus getrieben zu sein. Und sein Pazifismus trug aus meiner Sicht eine Zwanghaftigkeit in sich, die mich nicht überzeugte. All diese Fragen verloren jedoch im Kontext der Naturbegegnungen – im Wald, am Meer usw. – ihre Brisanz. Einmal ergab sich ein merkwürdiges Ereignis. An einem Freitag kam es in seiner Wohnung ungeplant zu einem Gespräch, ob Skifahrer die Bergwelt ökologisch ruinieren würden. Zwei weitere Personen – wohl Freunde oder Bekannte von Pit – waren dabei. Pit war richtig in seinem Element: Er vertrat die Position, dass die Urlauber die Bergwelt zerstören würden. Die Besucher waren anderer Meinung. Ich war beeindruckt von der Vehemenz der Argumente und schwieg weitgehend. Letztlich ging ich müde nach Hause. Am nächsten Tag kam ich wieder: Ich hatte ein Buch vergessen. Doch er war nicht da. Nebenbei und zufällig erfuhr ich von seiner Nachbarin, dass er früh am Morgen mit anderen zum Skiurlaub verreist wäre. Ich war sprachlos! In mir wirbelten Fragen zur Diskussion vom Vorabend. Ich fand für mich keinen Reim darauf. Wir haben nie darüber gesprochen. Die Frage nach dem Frieden beschäftigte uns noch öfters. Ich hatte eine Kriegsdienstverweigerung spät beantragt. Erst viele Jahre nach meiner vollständig abgeschlossenen Dienstzeit kam es zur Verhandlung. Diese wollte ich so unverstellt wie möglich bestehen. Ich zitierte naturwissenschaftliche und philosophische Fakten und Betrachtungen. Auch erwähnte ich christliche Werte in der Anhörung. Doch da wurde es schon schwierig. Ich ertappte mich, dass ich Sätze und Zitate im Kopf hatte, an die ich selbst nicht mehr vollständig glaubte. Auch meine Fragen zum Grund des Gewissens stellte ich zurück. Ich wollte es nicht komplizierter machen, als es eh schon war. Ich hatte den Eindruck, dass ich so meine Gedankenwelt zuschneiden würde. Das Denken kann sich selbst formen. Eine Einsicht, die mich beunruhigte mit Blick auf einen Gewissensruf, der unabweisbar sein soll. Dazu gesellten sich Fragen zum Glaubensgrund. Was ist ein (r)echter Glaube? Wir kommen in die Fragewelt der Vernunft und Philosophie. Ist jede Naivität künstlich gesetzt? Die Verhandlung lief über Stunden. Sie war bis zur letzten Sekunde anstrengend. Das Anerkennungsschreiben kam wenige Tage danach. Das hat mich gefreut und innerlich auch befriedigt. Die staatliche Anerkennung war mir doch wichtig. Eine Hürde hatte ich genommen. Mein Leben hatte, so schien es mir, eine Wendung genommen, mit der ich ursprünglich nicht gerechnet hatte. Dennoch blieben die Fragen erhalten. Mich hat jedoch gewundert, dass ausgerechnet Pit kein weiteres Interesse an meinem Ringen und an meinem Erfolg zeigte. Er nahm es beiläufig auf. Oder nahm ich sein Interesse nicht wahr? Machte mir seine Distanz viel aus? Es wirkte auf mich auch wie ein Kampf um Anerkennung. Aber wurde nicht zugleich die Bedeutung einer Zustimmung geleugnet? Was führte zu dieser Zerrissenheit? Viel später meinte ich zu verstehen, dass Pit sich in dieser Zeit mit seinen eigenen, ihm unbekannten Kräften und auch Macht- und Gewaltvorstellungen auseinander gesetzt hat. Es gab von ihm nur Andeutungen dazu. Die Fragen zu Flucht und Vertreibung in dieser Welt und in unserer jüngeren Geschichte führten zur Frage nach der Schuld. Auch unsere Eltern waren, wie ich es aber erst später richtig verstand, Flüchtlinge bzw. Vertriebene. Die Thematik wurde in unserer Gesellschaft in einem Sprach-, Denk- und Wahrnehmungskontext verhandelt, der mir fern war. Ich hatte kein richtiges Wissen von den Geschehnissen. Und das galt auch für unsere persönlichen Zusammenhänge. Schuldhafte Verflechtungen berührten uns. Doch wir konnten sie nur begrenzt durchschauen und nur zum Teil souverän verhandeln. Wir hatten ein Schicksal. Vielleicht sogar einen Charakter. Hatten wird dies zu akzeptieren? Das Schweigen war ein Ort des Rückzugs und eine Rettung angesichts vermeintlicher Überforderungen. Ich selbst kam mir gefangen vor. Durchwanderte ich eine selbst gezimmerte Blase? Galt dies auch für Pit? Wir kamen danach nicht mehr richtig zusammen. Ich habe dies bedauert.

(*) Kafka, Franz: Gibs auf! In: Sämtliche Erzählungen, 1970 (Fischer, Hamburg), S. 358.

Fragmentarisches Leben: Ökologie und das Duschen

Der Bus schaukelte gemächlich durch die staubige Luft der Straßen. Country-Musik jaulte im Hintergrund. Viele dösten und ich sah im schnellen Wechsel Autos, Bäume, Lichter und Farben. Vivian sah mich an: „War das Leben früher vollkommener? Bonhoeffer meint dies. Der mit dem religionslosen Christentum und der Entmythologisierung Gottes."

„Oh, ja. Was ist nicht vollkommen?"

„Die Menschen können ihr Leben nicht mehr richtig abschließen. Es gibt nur noch Fragmente."

„Gut, wer versteht schon sein Leben? Vieles ist Flickwerk. Jeder glaubt und meint etwas. Im Alltag und auch so. Da und dort eine Prise Esoterik, Spuren vom Feminismus, Quantenphysik, Freud und Ökonomie. Schon haben wir ein Fertiggericht." „Das klingt zynisch."

„Sorry. Nur, war es früher anders? Vielleicht ist das Leben fragmentiert? Versteht Bonhoeffer da seinen Glauben falsch? Was ist sein Maßstab?"

„Wie sieht die Philosophie das?"

„Da geht es sehr um Analyse und Kritik."

„Aber auch um Zusammenhänge?"

„Durchaus. Und es gibt große Entwürfe. Aber Ganzheit wäre auch zu entmythologisieren." „Im sozialen Leben finden wir Patchwork-Welten."

„Sind die nicht vollkommener? Selbst und frei gestaltete Montagen."

„Klingt verklärend."

„Gab es früher überhaupt diese Erwartung auf eine Ganzheit im Leben?"

„Über Gott? Der aber selbst zu entmythologisieren wäre. Es gibt Spannungen zwischen universellen und lokalen Kräften. Was ist wirklich klar?"

„Die Beweise in der Mathematik." „Ist das alles?"

„Alles scheint revidierbar zu sein. Auch die Methoden, die Kritik und sogar die Logik."

„So bleiben nur Meinungen?" „Kein König besitzt mehr die Wahrheit. Demokratie beruht auf dem freien Spiel der Meinungen."

„Und so wird oberflächlich alles politisch deutbar? Auch die Klimaforschung?

„Es wirkt so. Alles schwebt. Doch die Mathematik selbst beschreibt auch den Zufall."

Wir schwiegen und schauten aus dem Fenster. Es waren die ersten heißen Tage im Jahr.

Doch Vivian war unermüdlich: „Was ist in der Philosophie sicher?"

„Da, wo ein Gedanke ist, ist auch etwas, das dies denkt."

„Okay! Gilt dies auch für die Mathematik?"

„Ja, wir bedenken sie. Hat Gott eine andere Mathematik? Sogar unsere Träume nutzen eine andere Logik als das bewusste Denken."

„Das berührt psychologische Einsichten? Auch das Verständnis von Wahrheit?"

„Bestimmt. Die Folgen können gravierend sein. Vielleicht wird auch die Wahrheit zur Meinung."

„Und Beziehungen bleiben fragmentarisch und widersprüchlich?"

„Vielleicht. – Äh, wie: Beziehungen? Meinst du uns?"

Der Bus hielt. Wir sprachen noch schnell über die Fahrt am nächsten Tag.

„Gleis 3 um 13.21 Uhr. Aber, zeitgleich auch am Gleis 1. Einer fährt nach Norden; einer nach Süden."

„Du fährst auf jeden Fall nach Norden?" „Ja, ich werde erwartet. Überleg es dir."

Eine Unruhe war in mir. Ob sie kommt? Das Ungewisse ist nicht immer reizvoll. Vivian fuhr dann mit ihrem Bruder.

Am nächsten Tag war ich kurz vor dreizehn Uhr am Gleis 3. Der Zug stand schon. Vorsorglich legte ich auf vier Plätze im Abteil Taschen und Jacken und schaute immer wieder aus dem Fenster. Bei meinen Verwandten hatte ich mitgeteilt, dass ich kommen würde. Und vielleicht käme jemand mit. Ich sprach ganz cool davon. Doch ich stand definitiv nicht über den Dingen. Die Zeit lief, aber Vivian kam nicht. Später erzählte sie, dass ihr Vater von den beiden Zügen wohl ahnte. Bei der Fahrt zum Bahnhof meinte er zu ihr: „Ich lass dich vorm Bahnhof raus. Es gibt kaum Parkplätze. Nimm den richtigen Zug." In ihr ging es hin und her. Kurz vor der Abfahrt erreichte sie den Zug. Ich war erleichtert. Und doch stellte sich bei mir keine richtige Ruhe ein.

Es lief nun so, dass jeder von uns in seinen Büchern las und immer wieder nach einiger Zeit dem anderen etwas vorlas bzw. erzählte. Darüber redeten wir und so verging die Zeit. Nach drei Stunden erreichten wir einen Sackbahnhof. Fahrgäste stiegen ein und aus und die Zugfolge wurde neu kombiniert. Zu uns setzte sich ein staatlicher Herr, so um die sechzig Jahre alt.

Vom Leben erzählten wir: „Ich habe bei uns einen rechteckigen Papierrahmen ausgelegt. So grauer Karton. Minzi, unsere Katze, hat sich genau in die Mitte des Rechtecks gesetzt. Sie saß da ruhig und schaute irgendwie stolz."

„Wie lange blieb sie im Rechteck?"

„Fünf Minuten. Später noch einmal eine gute Viertelstunde."

„Es beruhigt sie. Vielleicht gibt es ihr eine Sicherheit. Wie eine Heimat, wie ein Glück. So wie wir uns Betten, Briefe, Bücher, Geschichten und Zimmer suchen und basteln." Jeder kaute einen Apfel.

„Können wir noch einmal zur Entmythologisierung von Gott sprechen? Ist das nicht Gotteslästerei?"

„Weil wir Fragen stellen? So nehmen wir Gott doch ernst. Im ersten Korintherbrief steht, dass der Geist alle Dinge erforsche, auch die Tiefen der

Gottheit. Da kann man nicht sagen, dass dies gegen Gott oder die Wissenschaft geht."

„Wir müssen uns mit den Gottesbildern befassen?"

„Ja, ohne Aufklärung kann es keinen echten Glauben geben."

„Aber, wer macht das?"

„Jeder hat seine Begabungen und Talente. Man darf die Mitglieder nicht überfordern."

„Ist das Christentum ein Teil der Aufklärungsbewegung?"

„Es hat die spätere Aufklärung wohl ermöglicht. Wobei der Glaube dazu zum Teil in Spannung steht. Zu beachten ist, dass das Christentum auch den Zweifel geachtet hat."

„Findet sich die Wahrheit im Glaubensakt?"

„Ohne Denken kann der Glaube zu einer privaten Marotte verkommen. Auch die Glaubensäußerung steht in der Dimension der Wissensbekundung."

„Der Glaube verweist doch auf eine andere Dimension. Der Mensch im Gespräch mit Gott."

„Mit dem Glauben gehen Folgen einher, die andere Menschen berühren. Das ist nicht nur privat."

„Das leistet das Denken? Ist das selbst ein Glaubensakt? Was kann das Denken durchschauen?"

„Es wirkt so, als ob der fundamentalistische Glaube einen umfassenden Anspruch besitzen würde."

„Aber das Denken ist doch begrenzt."

„Ja, aber das vernünftige Denken kann sich kreativ erweitern. Vielleicht sind Glaube und Denken zwei Blasen, die sich gegenseitig durchziehen und begrenzen. Das Denken setzt Aspekte voraus, die aufgeklärt werden können. Ohne Denken ist der Glaube nichts. Kann das Denken eine Ganzheit inhaltlich sinnvoll denken? Oder bleibt es nur eine Grenzgröße? Was vermag das Denken?"

„Gibt es eine dritte Größe – neben Denken und Glauben? Wäre das die Vernunft?"

„Wenn ich das wüsste. Vielleicht eher ein Gelände der Vermutungen? Hilfreich könnte es sein, Denken, Fühlen, Wissen, Hoffnung usw. genauer zu betrachten. Wofür und wie setzen wir diese Wörter ein? Ich glaube an dich. – Ich denke an dich. – Ich hoffe auf dich. – Ich bete für dich. – Ich liebe dich. Die Wörter kann man nicht einfach austauschen."

„Verlagert dies nur die Probleme? Bleiben wir so in der Sprache?"

„Vielleicht hat die Erfahrung des Fragmentarischen nur bedingt was mit dem Denken zu tun."

Wir schwiegen. Jeder dachte wohl über die Argumente nach. Und was hat das mit uns zu tun? Wobei dies eher ein Gedanke im Hintergrund war. Später sprachen wir über Tod und Leben. Gehört der Tod zum Leben?

Muss man den Tod verstehen, um leben zu können? Ist das Leben nur, weil es den Tod gibt? Wofür geben wir unser Leben?

„Bei Adlern", bemerkte ich, „gibt es wohl eine Selbsttötung, wenn das Männchen bei der Brautsuche zurückgewiesen wird. Sie beginnen, problemlos zu fliegen. Steigen auf und gehen in einen Gleitflug über. Plötzlich stürzen sie unkontrolliert in die Tiefe, trudeln und sterben." „Aus gekränkter Ehre?"

„Überprüft habe ich dies nicht. Nur gelesen. Vielleicht ein moderner Mythos."

Unerwartet äußerte sich der Herr, der bei uns saß. Er stellte sich als Burgschauspieler vor und meinte nett, aber auch deutlich: „Leben Sie, bevor Sie an den Tod denken! Das Leben ist kurz." Wir waren überrascht und nickten. In diesem Moment wurde unser Zielbahnhof angekündigt. Wir packten die Taschen und Rucksäcke und halfen uns, diese aufzunehmen. Auch verabschiedeten wir uns höflich von den Mitreisenden und stiegen aus. „Für die bleibt in Erinnerung, dass wir uns gegenseitig beim Aussteigen helfen." Der Gedanke von Vivian konnte nicht vertieft werden.

Am Bahnhof wurden wir von meinen Verwandten abgeholt. Ein großes Hallo. Ich stellte Vivian vor. Und sogleich ergaben sich Gespräche über das Wetter, die Bundesbahn und – natürlich – die Pünktlichkeit von Zügen, die Urlaubszeit, die Gäste, über Gott und die Welt. Wir fuhren zu einem kleinen Hof mit Hühnern und Gänsen. Es gab Kuchen, Kaffee und später noch ein Essen. Ich war gelöst und froh über diese Begegnung. Eine Einheit von Leben und Denken spürte ich. Diskutiert wurde über Ökologie und Energiepolitik, Fragen zum Lebenssinn und so weiter. Religiöse Themen im engeren Sinne spielen bei meiner Verwandtschaft keine Rolle. Es gibt wohl verdeckt eine Naturfrömmigkeit. Lebenspraktische Anforderungen stehen im Mittelpunkt der alltäglichen Betrachtungen. Unerwartet kam es im Gespräch zu einem Disput. Es drehte sich darum, ob Ökologen täglich duschen dürfen: „Die Natur schützen wollen, aber täglich duschen. Wie passt das zusammen?" Vivian erklärte ihre Perspektive. Doch es gab Rückfragen und Argumente, die nicht beliebig waren. Ein kritischer Blick wurde spürbar, den ich verstehen konnte. Ich versuchte, die einzelnen Überlegungen zu sortieren und zu vermitteln. Das Gespräch verweilte einige Zeit bei diesem Thema. Eine Front zwischen den Beteiligten schimmerte auf, die mir nicht ganz klar wurde. Zum Abschluss gab es noch einen Schnaps und alle lachten.

Vivian und ich gingen in den Garten und schaukelten auf einer Baumschaukel. Mit verbundenen Augen wanderten wir über den Rasen, wobei wir uns gegenseitig Weghinweise gaben. Später konnten wir die ersten Sterne sehen. Wir suchten Sternzeichen und staunten über die Weite des Alls. Auch umarmten wir eine Buche und plötzlich hielt sich Vivian an mir fest. Sie umklammerte mich und bog sich weit zurück. Ich rief: „Wenn du so weiter machst, kann ich dich nicht mehr halten." Nachdenklich meinte sie: „Das ist wohl nicht nur physikalisch wahr!"

Nachts träumte ich einen ewig langen Traum von einer Frau (Vivian?) und einem Mann (dem Burgschauspieler?). Es gab einen Streit um ein buntes Tuch. Formen und Farben verwebten sich. Eine Nähe zwischen beiden wurde spürbar, die mich beunruhigte. In einem Spiegel sah ich mich mit einem hellen Gesicht und langen Haaren. Ich erkannte mich kaum und erwachte.

Am nächsten Tag fuhren wir nach dem Frühstück mit Fahrrädern, die wir in der Scheune fanden, ans Meer. Auch kamen wir zu einem kleinen Fischerhafen. Wir sahen den Schiffen zu, die langsam im roten Sonnenlicht auf dem Meer verschwanden. Vivian hatte ihre Brille vergessen. Wegen einer Netzhautverkrümmung sah sie in der Welt zum Teil nur unscharf farbige Flecken. Wir schlenderten durch den Ort und fanden am Strand ein Café. Es gab Buchweizenkuchen mit Früchten. Dazu Kakao mit Rum. Eine Musikbox spielte leise Neil Young, Bob Dylan, Achim Reichel usw. Im Hintergrund hörten wir das Meer rauschen. Stand die Zeit still? Das Ewige mitten im Leben? Für mich war der Tag ganz entspannt, beinah romantisch schön. Später fand der Tag nach einer Mahlzeit mit Bratkartoffeln und Fisch ein frühes Ende. Vivian hatte mir ein Kinderbuch unters Kopfkissen gelegt. Doch ich konnte nicht mehr lesen. Ich schlief wie ein Stein.

Am Morgen teilte mir Vivian nach dem Frühstück mit, dass sie nicht bleiben wolle. Es kam wie ein Blitz aus heiterem Himmel. Das Gespräch vom ersten Abend, so ein Satz von ihr, würde sie immer noch beschäftigen. Es hing wohl mit den Gedanken zum Verhältnis von Duschen und Ökologie, vielleicht auch mit all den fremden Eindrücken zusammen. Ich konnte es nicht glätten, noch nicht einmal richtig benennen. Es ergab sich kein hilfreicher Nenner. Eine Ahnung blieb mir von einer komplizierten Verbindung von Bildern, Motiven und Beunruhigungen. Eine seltsame Empfindung mit Blick auf die Gründe blieb mir. Wie rechtfertigt sich dies? War es Ausdruck einer Enttäuschung? Geht es um Macht? Gemeint als Kränkung? Ich fühlte mich Vivian gegenüber verpflichtet. Doch die anderen Beziehungen? Mir fiel gegenüber meinen Verwandten, die wohl irritiert waren, kein klärendes Wort ein. Nur ein verlegener Blick blieb. Aber vielleicht schätzte ich dies falsch ein. Tat ich mir selbst leid, da ich noch gerne am Meer geblieben wäre? Es blieb bei dem Abreisewunsch und wir fuhren am Nachmittag. Die Rückfahrt war ruhig. Wir teilten noch Äpfel und schauten in die Natur. Doch ich war unsicher, auch enttäuscht. Als ob ein Riss durch die Welt lief. Was macht es mit mir, mit uns? Vivian war nervös. Ich kam an sie nicht richtig ran. Es kam zu keiner Klärung. Jeder fuhr zu seinem Bezugsort. Sollte ich mehr über menschliche Beziehungen lesen? In den Tagen telefonierten wir und versuchten, uns und unser Leben positiv zu verstehen. Es gab, so mein Eindruck, eine vorsichtige Nähe. Doch ich konnte nicht schreiben. Meine Sätze waren entweder zu oberflächlich oder aber zu empfindlich und engagiert. Drei Tage später rief ihr Vater bei mir an. Am Abend vorher war Vivian in der Dämmerung beim Abbiegen an einer Kreuzung mit ihrem Fahrrad auf einem sandigen Ölfleck ins Rutschen gekommen und gestürzt. Ein LKW-Fahrer hat sie erst spät gesehen und überfahren. Sie war wohl ohne Brille unterwegs und starb noch am Unfallort. Ich war fassungslos, paralysiert und haderte mit dem Schicksal. Trostlos war ich und zutiefst traurig. Alles war verändert. Warum? Ich erhielt von Vivian noch eine Ansichtskarte von roten Gebäuden und Fahnen vor einem Fluss im Abendlicht.

Bezüge
Bibel (NT): 1. Kor. 2,10.
Bonhoeffer, Dietrich (Widerstand und Ergebung): Briefe (1944) – 23.2., 5.5., 25.5., 8.6., 8.7.

Grünliche Lippen

Hör deine Stimme
Spricht von Schuld, Schmerz und Liebe
Heftig pocht mein Herz

Hoch am Gardasee verbrachte ich vier Forschungsmonate in einem Klosterinstitut. Früh stand ich auf und sah im See die Sonne. Am Nachmittag nahm ich an Besinnungsrunden teil. Biblische und weltliche Texte wurden bedacht. An einem Tag wurde von Kafka »Gibs auf« gelesen und ein Hinweis auf eine Sternennacht unweit vom Kloster gegeben. Dies war mir in einem Schreiben angekündigt worden, das ich in meinem Apartment gefunden hatte. Beigefügt war die Geschichte ›Frau L‹.

Frau L
> *»Ein symmetrisches Spiel sieht für alle Spieler genau gleich aus.«* [1]

Bewegung: Vor meinem Fenster klettert nachts eine grüne Raupe an einer Stange immer 40 cm hoch. Am Tag rutscht sie, wenn sie schläft, wieder auf die Hälfte der erreichten Höhe zurück. Sie kann eine Höhe von 80 cm erreichen. Wir können es berechnen. Sie jedoch lebt und kennt nicht die Zusammenhänge.

Gleichgewicht
»Seitdem versuche ich (…) mich hinabzutasten an der Kette der Erinnerung«. [2]

Lebendigkeit: Es war die Zeit der Parkas. So verkleidet besuchte ich an einem Winterabend eine mir unbekannte Meditationsgruppe. Eine gewisse Willkür lag bei meiner Suche vor, die jedoch ernst gemeint war. Wie eine goldene Flamme erschien mir das Haar von L, als ich sie zum ersten Mal an jenem Abend sah. Mit ihrem Gesicht und ihren Bewegungen ging eine erfrischende Lebendigkeit und ein Wille, das Leben bewältigen zu wollen, einher. Welches Wagnis wollte ich damals eingehen? In einer Pause sprachen wir über Literatur. Ihre Liebe – oder nüchterner gesagt: ihre Nähe – zur Literatur kam mir gelegen, da sie mir Blicke in unbekannte Welten ermöglichte, die mich reizten. Auch fühlte ich mich befähigt, mit Texten umgehen zu können. Mein innerer Hasenfuß sprach also mit. Das Wort bewegte uns zum Denken und verführte zu Begegnungen. Sicherlich könnte ich es soziologisch-psychologisch aufschlüsseln. Doch es bliebe ein Rest an unerklärlichen Kräften. Und Kräfte lagen zwischen uns vor. Das Wort trennte uns; zugleich öffnete es Bezüge zu unserem Leben. Nur, wie weit sollte dies gehen? Wir blieben verpackt in Cellophan. Diese Distanz hatte jeder für sich unbewusst bestimmt. Selten gab es Momente, in denen unser Arrangement mäßig zitterte: Risse öffneten einen Blick auf

Verborgenes. Das Andre existierte zweifellos. Doch Berührungen traten nicht auf. Das Spiel der Nähe keimte im Gespräch und in den Texten, die wir besprachen, auf. L. hatte einen Couchtisch. Und ein kleines Sofa, das sie nutzte. Ich saß seitlich auf einem Stuhl. Über Stunden sprachen wir. Ohne Kaffee, Bier, Wein. Es war eine konzentrierte und humorvolle Verständigung. War es eine protestantische Gesprächstherapie? Nur, was war das Problem? Die Einsicht in die Abgründigkeit des Menschen und Überlegungen zur Humanität bewegten unser Nachdenken. Die ›Deutschstunde‹, die ich sorgfältig las, ist mir in Erinnerung geblieben. L wollte ich mit Interpretationen beeindrucken. Besonders die Konfliktlage zwischen dem Vater, Klaas und Siggi interessierte mich: »Wir sind fertig; Klaas und ich«. Ich bin »für ihn nicht zu sprechen.« *[3]* Viele Jahre später entdeckte ich bei einer erneuten Lektüre Aspekte, die mir zuerst nicht aufgefallen waren. Die Bewertung ganzer Passagen hatte sich bei mir gewandelt. Hatte ich mich verändert?

Manchmal holte ich sie von ihrem Arbeitsplatz ab, und wir gingen durch die Stadt entlang von Gärten zu ihrer Wohnung. Immer suchten wir ausgehend von aktuellen Themen das Wort. Unsere Sätze umkreisten wie Spinnen einen geheimen Mittelpunkt. Ich erinnere Fahrradtouren zu Seen und stille Momente in Kapellen. Eine Sehnsucht nach Leben bewegte uns. Zugleich prägte eine gewisse Verunsicherung unsere Selbstdeutungen und das Leben. Unser Rahmen wurde von den Möglichkeiten einer Mittelschichtswelt bestimmt, deren Wunsch nach Größe selten real wurde. Wir sahen im Kino Filme von Fassbinder und Hitchcock. Das Fremde in uns selbst blieb jedoch ausgespart. Einmal schminkten wir unsere Lippen in grünlichen Tönen, die L noch über Tage trug. Wir wussten, dass unter dem Pflaster der Sand war. Doch wir lebten im Rahmen bürgerlicher Vorgaben. Dies galt auch für unsere Fantasien und Hoffnungen. War L für mich wie eine ältere Schwester? War ich für sie ein Seelenbruder? Welche Klänge rührten wir bei uns jeweils an?

In einem Café sprachen wir einmal über Schuld und Sühne im Leben. Ein großer Ozean an Fragen öffnete sich. Bei uns standen Kerzen. Wachs lief auf die Tischplatte. Beim Gehen entdeckten wir, dass sich die von uns angenommene Steinplatte zersetzt hatte. Es lagen verformte Filzfliesen vor. Die Bedienung lachte und legte eine Decke so um, dass die Mulden bedeckt waren. Jahre später träumte ich von Wachstropfen:

Wachstropfen

Wachs tropft aus den Herzen
In grünlich-roten Flocken
Betäubt alle Schmerzen
Fällt durch Risse im Boden
Verführt meine Sinne

Wühlt auf meine Kräfte
Meine Sehnsucht nach Halt
Umkreist das Leere
Das Verborgene
Meine dunklen Biester

Kratzt an den Türen
An den Gewalten
Berührt den Flug
Meiner Existenz
Zur Ewigkeit

Der Traum erinnerte mich an L; eine Tür des Verstehens öffnete sich.

Distanz und Nähe: Unsere Verwobenheit war nur uns in Ansätzen bewusst. Auf andere wirkten wir eher wie Fremde. Bei unseren Treffen im privaten Raum entstand eine Inspiration, die nur begrenzt in die öffentliche Welt übertragbar war. Unsere Klein-Klein-Begegnungen trugen die Qualität einer Urszene in sich. Diese war mir heilig. Es gab keine Berührungen, keine Umarmungen. Einmal nestelte L während eines Gesprächs an ihrer Strumpfhose. Ein erotisches Empfinden trat in mir auf. Lag eine Provokation vor?
L hatte einen Freund. Dies erfuhr ich mit der Zeit. Mit ihm verbrachte sie ihre Wochenenden. All dies schien mir Teil einer tieferen Wahrheit zu sein. Wir suchten nach unserem Ort und unserem Wert. Einmal fragte sie mich, ob ich mit ihr und ihrem Freund in Urlaub fahren würde. Ich war irritiert. Ich lehnte ab und fragte mich nach meinen Gefühlen und nach ihren Ambitionen. War es ein Spiel? Wurden wir gespielt?

Taschenrechner-Drama: Ich war bei L zu einem Gespräch geladen. In gewisser Hinsicht hatte das Gespräch einen offiziellen Charakter. Konrad, ein alter und wohl guter Freund von L, war auch dabei und das Gespräch fand in der Küche statt, in der ich noch nie so richtig war. Das ‚eigentliche' Thema ist mir entfallen. Doch in mir war damals ein Gefühl, als ob eine

‚Verhörsituation' vorliegen würde. Wohl hatte ich die Fantasie, dass L eine größere Distanz von mir wünschte. Konrad, den ich kaum kannte, hatte für mich eine unklare Rolle in dem Geschehen. Meine Vermutung war, dass L ihn zu ihrer Unterstützung eingeladen hatte. Das Gespräch blieb seltsam konturenlos, was meine Besorgnis erhöhte. Es hatte keine Ähnlichkeit mit den sonst von L und mir gepflegten Verständigungen. In einer nervösen Stimmung ‚spielte' ich nebenbei mit dem Taschenrechner von L. Eine Taste ging plötzlich kaputt. Eine gewisse Hektik entstand. Das Gespräch fand so seinen Abschluss. L wünschte eine Reparatur des Rechners. Dies sagt ich zu und verließ dann die Wohnung. Mein Abgang hatte etwas von einem ungeordneten Rückzug. Das gesamte Geschehen blieb mir unverständlich. Eine seltsame Verlegenheit und eine Unruhe waren zugleich in mir. Aufgewühlt und verunsichert ging ich allein nach Hause. Es regnete und war schon dunkel.

Die Reparatur des Rechners wurde teurer als der Kauf von zwei neuen und sogar besseren Geräten. Eine Verständigung dazu schien mir aber nicht angebracht zu sein.

Auch tauchte ein Schalk in mir auf, mit dem ich nicht gut umgehen konnte. Von einer Asymmetrie in meiner Herkunftsfamilie erfuhr ich in dieser Zeit. Spürte ich in diesem Sinne einen Schatten? Ahnte L etwas davon? Oder war dies nur ein Truggebilde? Bei aller Lebendigkeit gab es auch ein Bedürfnis nach einer Deutungshoheit in unseren Gesprächen. Ich spürte, dass bei mir zum Teil andere Muster als bei L existieren.

Das Taschenrechner-Drama war mir unangenehm, ja peinlich. Es gab dazu keine Verständigung mehr.

Aufbruch: Einige Zeit später ergab sich für mich die Notwendigkeit, eine Bleibe in einer neuen Stadt suchen zu müssen. Unerwartet traf ich dort L am Bahnhof. Sie hatte eine Wohnung besichtigt, in der sie mit ihrem Freund wohnen wollte. Doch die Wohnung war zu groß. Nach einigen Überlegungen einigten wir uns, dass ich ein Zimmer beziehen würde. Jedoch ergaben sich nur selten Begegnungen. An einem Wochenende musste ein Schrank für L aufgebaut werden. Sie, ihr Freund und ich gestalteten dies gemeinsam. Plötzlich fiel eine Seitenwand um. Der Schaden war gering, und der Schrank konnte später aufgebaut werden. Dennoch gab es wieder in mir ein Gefühl der Schuld. ›So wird das nichts‹, dachte ich. Nach etlichen Anläufen zog ich aus. Mein Umzug gestaltete sich spontan, da ich die neue Unterkunft kurzfristig fand. L war nicht richtig informiert; sie kam dazu, als ich meine Habseligkeiten ausräumte. Eine verquere Situation entstand: »Es tut mir leid; es geht nicht anders. Es ist nicht deine Schuld.«

Brüche

»Keinem bleibt seine Gestalt.« [4]

Jahre nach meiner Armeezeit erhielt ich aus Bern einen Brief. Ich rätselte; die Handschrift kam mir bekannt vor. L. schrieb mir und lud mich zu ihrem Geburtstag ein. An einem Freitag fuhr ich mit einem Nachtzug. L wartete auf dem Bahnhof. Aus ungefähr 20 m Entfernung sahen wir uns an. Sie war attraktiv. Ein Bahnarbeiter beobachtete uns. Zögerlich gingen wir aufeinander zu und umarmten uns.»Na endlich!«, so hörte ich den Mann. L suchte dann eine Buchhandlung auf. Nach zehn Minuten verließen wir den Bahnhof. L hatte eine Kunstkarte von einer Badeanstalt unbezahlt mitgenommen. Das Wetter war wunderbar; wir schlenderten über Stunden durch die Stadt. Über ihr persönliches Leben erfuhr ich jedoch kaum etwas. Am Samstag sah ich mir die Innenstadt allein an. Am Abend trafen wir uns bei einem Zirkus. L hatte für Freunde Karten für eine ›Show ohne Tiere‹ besorgt. Sie war aufmerksam, aber auch unruhig. Am Sonntag trafen wir uns alle bei ihr zum Kaffee. Jeder trug aus dem Stehgreif einen Gedanken zur Welt bei. Ich erzählte von Einsichten zur Bedeutung von Berührungen für das menschliche Selbstempfinden und für Beziehungen. Plötzlich stand L hinter mir und goss ein Glas Wasser über mich. Die Flüssigkeit lief von meinen Haaren auf die Kleidung. Ich war verdattert, ging schweigend ins Bad und zog mich um. Meine Gedanken und Gefühle kreisten. Ein Schamgefühl tauchte auf und ich wurde still. Eine Verständigung zu dem Geschehen, zu den Gründe und Motiven, ergab sich nicht. Am Abend erreichte mich ein Telegramm aus Deutschland. Meine Anwesenheit war in der Mitte der Woche erforderlich. So entschloss ich mich zur Rückfahrt am Montag. L arbeitete tagsüber; wir verabredeten uns am Bahngleis. Kurz vor der Abfahrt kam sie. Wir wechselten einige Sätze und winkten.

Mysteriöses

Man war mit »Täuschungen und Trugbildern vertraut«. [5]

Manchmal träume ich von vergangenen, selten von zukünftigen Ereignissen. Ungewöhnlich war folgende Erfahrung. Ich hielt mich für einige Tage in einer mir fremden Stadt auf. Nach meiner Ankunft besuchte ich einen Park, um mich zu entspannen. Ich saß auf einer Bank und hatte plötzlich das Gefühl, dass L neben mir sitzen würde. Sprachlos kommunizierten wir. Es gab für mich keine Beziehung zwischen der Stadt und L, von der ich seit vielen Jahren nichts gehört hatte. Ich spekulierte, wie in meinem Kopf dieses Gespräch entstanden war. Es blieb mir unerklärlich. Tage später fand ich zu Hause eine Karte mit dem Park als Motiv. L hatte mir an ihrem Abreisetag, am Tag vor meiner Ankunft, von dort geschrieben. ###

Gegen 22 Uhr ging ich zur Sternenbeobachtung. Eine Schwester teilte Tee, Säfte und Zettel aus. Zu mir sagte sie leise: »Heißer Wachs kann Steinplatten lösen. - Ich komme morgen um 21 Uhr.« Sie gab mir einen Umschlag mit dem Titel ›Grüne Lippen‹. Ich fand drei Texte, die ich im Zimmer las.

1 *Lilienrätsel*

*Die blaue Lilie
kennt die Rätsel des Gefühls
schweigender Stunden*

*Mitten im Winter
fallen Illusionen
leichthin bedächtig*

*schweben zur Erde
verfallen dort zum Humus
ewiger Ideen*

*Sie schweigen für sich
wissen um die Geflechte
der Welten Gründe*

*Das Blau der Lilie
verbindet all die Farben
deutet dir das Blut –*

*nennt uns die Regeln
kennt Spiele und Verstecke
und hört die Stille*

2 Ich wurde schwanger. Doch der Vater trennte sich von mir. Im siebten Monat verlor ich das Kind und fiel in eine dunkle Welt. Später trat ich dem Kloster bei. In den Buchungsunterlagen fand ich Deine Daten.

3 *Damals*

Menschen denken
Bilder ihrer Flucht
Spüren Heimatlosigkeit
Sind wie Flug-Samen
Leichthin verstreut

Denke an Kinder
Das Glück der Geburtstage
Die ersten Fußball-Spiele
Die Schokolade

Ach, hätte ich dich
Auf der Bodentreppe
Doch damals umarmt ##

Ich erinnerte mich, dass ich sie als junge Frau besucht hatte. Wir standen an einer Bodentreppe, und ich wollte sie umarmen und halten.

Alle »endliche Spiele (haben) mindestens ein Gleichgewicht«. »Des Rätsels Lösung besteht darin, dass wir über die reinen Strategien (…) hinausblicken und zusätzlich gemischte Strategien ins Auge fassen müssen.« [7]

Abends trafen wir uns bei mir drei- bis viermal in den Wochen. Wir erzählten ohne Ende. Sie wurde schwanger und wir heirateten.

Belege / Bezüge

[1] Binmore, K. (2013). Spieltheorie. S. 179.
[2] Lenz, S. (2004). Deutschstunde. S. 88.
[3] Ib., S. 105.
[4] Ransmayer, C. (1991). Die letzte Welt, S. 15.
[5] Ib., S. 32.
[6] Ib., S. 88.
[7] Binmore, ib., S. 41.

Auf einer Klippe

„Schroff, im Anhauch des Meers,
die gescheiterte
Stirne,
die Klippenschwester."
Celan (*)

Er stand mit seinem rostigen Pkw auf einem Schotterweg etwa 350 m von einer Klippe entfernt und rauchte eine Zigarette. Hinter der Klippe ging es steil bergab zu einer felsigen Meeresküste. Der Sturz würde über gut 100 m gehen. Er würde ihn nicht überleben. Fremde Menschen würden nicht gefährdet werden. Dies hatte er ausgekundschaftet. Es war gegen 17 Uhr. In drei Stunden würde es dunkel sein.

Er öffnete ein Bier und überlegte seine Möglichkeiten. Seit vier Wochen wurde er als Fahnenflüchtiger gesucht. Nach dem Abbruch seines Studiums hatte ihn die Armee einberufen. Doch nach sechs Wochen verweigerte er einen Befehl; er wollte nicht schießen. Es drohte ihm eine Sanktion, gar eine Disziplinarstrafe. Er verließ in einem unbeobachteten Ausgenblick die Kaserne. Sie suchten ihn, das war ihm klar. Wahrscheinlich hatten sie bereits seine Eltern aufgesucht. Diese werden überrascht gewesen sein. Sein Tun würden sie sich nicht erklären können. Keiner wusste, dass er hier beinahe 3000 km von seiner Heimat entfernt steht und über seine Leben und sein Schicksal nachdachte Sein Weg führte ihn von der Armee zu Freunden und weiter durch Deutschland in den Süden Europas. Geschickt hatte er die Strecke geplant und war allen Kontrollen ausgewichen.
Zumindest hatte einmal alles funktioniert. Alles andere in den letzten Jahren war nicht so gut. Zuerst die Konflikte mit seinem Vater, dann mit seiner Mutter, auch mit den Lehrern. Dazu die Probleme im Studium und zusätzlich seine ungeklärte Beziehung zu Kathrina, die ihn verlassen hatte wegen Arthur. Ein Drama ohne Ende. Er fühlte sich ungesichert in seinem Tun. Ja, seine ganze Existenz war ihm fragwürdig. Was wollte er wirklich? Was konnte er?
Er öffnete noch ein Bier. Sein Leben zog in Bildern an ihm vorbei. Wo war er abgebogen? Warum war es so gekommen? All die nicht lösbaren Unklarheiten zwischen ihm und anderen Menschen. Kathrina war ein wesentlicher Aspekt. Aber der entscheidende? Die Probleme waren tiefer verursacht. Wem konnte er trauen? War es nicht Ausdruck der Unklarheit seiner Welt? Sogar generell der Welt?
Er wog seine Chancen ab. Welche Korrekturen wären denkbar? Wohin sollte die Reise gehen? Was hatte er zu erwarten? Das Militär suchte ihn. Sollte er im Ausland bleiben? Eine neue Identität annehmen? Eine

Ausbildung aufnehmen? Sich stellen? Doch wieder ins Studium gehen? Ja, wollte er überhaupt als Mann leben? Verstand er sich so oder doch ganz anders? Was fühlte er; was lief ihn ihm ab? War er zutiefst gestört oder einfach hellsichtig und einsichtig? Oder würde seine Lebensreise nun ihren Abschluss finden? War Gott vielleicht so oder so seine letzte Chance? Seine Gedanken kreisten. Er trank noch ein Bier und wurde müde. Das Abwägen seiner Argumente erschöpfte ihn. Er nickte ein.

Nach einiger Zeit blinzelte er und sah in eine dunkle Welt. Die Klippe war kaum zu sehen. ‚Ich muss nun handeln'; so war sein Gedanke. Er machte den Motor an und schaltete das Licht ein; und er fuhr los. Der Wagen beschleunigte und dann tauchten im Licht drei Fußgänger genau auf seinem Weg zur Klippe auf. Er starrte zu ihnen und wollte es nicht begreifen. Er und sie waren vollkommen überrascht und starr.
Im letzten Moment bremste er und blieb kurz vor der Klippe stehen. Seine Hände zitterten. Der Motor war an. Eine Frau klopfte an sein Fenster und sah ihn fragend an.
Nach einer gefühlten Ewigkeit öffnete er das Seitenfenster. „Wir haben uns verlaufen. Können Sie uns zur Stadt fahren?" Er schaute nur, und nach einer gefühlten Ewigkeit nickte er: „Ja."
Ein junger Mann und zwei Mädchen, alle in etwa so alt wie er, stiegen ein. Er fuhr gut acht Kilometer zum gesuchten Ort. Anka lud ihn in ein Bistro ein. Sie verbrachten den Abend im Lokal.

(*) Celan, Paul, Andenken (in: Schwelle zu Schwelle), S. 45

Fortschritt – Küchengespräch

Das Wasser blieb kalt; der Kocher war kaputt.
„Der ist doch erst zwei Jahre alt!"
„Ja. Das nervt!"
„Immer geht alles kaputt. Bauen die das so ein?"
„Manchmal denke ich das."
„Kannst du den Fehler finden?"
„Tja, vielleicht. Aber das kostet wahrscheinlich Zeit. Ich müsste erst einmal den Boden lösen."
„Aber das kannst du doch."
„Schon, aber es lohnt sich nicht. Das steht in keinem Verhältnis zum Wert."
„Warum bauen die Ingenieure absichtlich diese Fehler ein?"
„Naja, es wirkt so. Vielleicht liegt es einfach am Fortschritt!"
„Am Fortschritt? Du scherzt!"
„Nun, ja und nein. Wenn die Produkte zu lange halten, dann gibt es keinen Anreiz, sich neue zu kaufen. Und dann kommen die besseren Geräte nicht zum Kunden. Er gibt kein Geld dafür aus. Das führt dazu, dass die Firmen kein Geld einnehmen und dass die Ingenieure keine Arbeit bekommen würden."
„Also, eh, der Fortschritt führt zu schlechteren Geräten?"
„Nein, die sind schon besser. Also, von dem, was sie können."
„Aber sie gehen eher kaputt. – Nennt man dies nun Dialektik?"
„Vielleicht eher widersprüchliche Realität."
„Hauptsache die Sache hat einen Namen."
„Sicherlich. Auch das Wort Fortschritt benennt etwas, das ganz unterschiedlich bewertet werden kann."
„Bewertung ist auch nur ein Wort."
„Mit der Bewertung gehen aber Konsequenzen einher."

Ein vierter Weg: Das fehlende Vermögen

„Wie die Welt ist, ist für das Höhere vollkommen gleichgültig.
Gott offenbart sich nicht in der Welt." Wittgenstein (*)

„Sollte das Absolute durch das Werkzeug uns nur nähergebracht werden,
ohne etwas an ihm zu verändern, wie etwa durch die Leimrute der Vogel,
so würde es wohl, wenn es nicht an und für sich schon bei uns sein wollte,
dieser List spotten; (…) Diese Konsequenz ergibt sich daraus,
dass das Absolute allein wahr, oder das Wahre
allein absolut ist." Hegel (**)

„Vielleicht steht dir ein großes Vermögen zu?" „Mir? Wieso?"
„Na, du bist so anders. Vielleicht gehörst du gar nicht in deine Familie?"
Unser Gespräch hier mitten in Hamburg in einer kleinen Kneipe nimmt zur späten Stunde eine merkwürdige Wendung. Was ist geschehen?
Vorgestern kam ich spät von einer Hochschulsitzung zurück. In meinem Bett lag eine junge Frau und schlief. Sie war, das wurde leicht sichtbar, wohl weitgehend unbekleidet. Mir kam sie nicht ganz fremd vor. Doch richtig zuordnen konnte ich sie nicht. Wie kam sie überhaupt in mein Zimmer? WGs haben manchmal so ein eigenes Leben. Was macht man in so einer Situation? Es gehört nicht zu meinen alltäglichen Erfahrungen. Ich ließ sie schlafen und schrieb noch etwas. Auch, um Ruhe zu finden. Später schlief ich in einem Schlafsack auf einer ISO-Matte vor meinem Bett. Sie schlief ganz ruhig.
In einem Traum sah ich drei Wege bei einem Bauernhof. Sie gingen zu einem Weiher, zu einem Dorf und ein dritter Weg zu einem Wald. Mit jedem Weg verband sich eine Wahlwahrscheinlichkeit von genau einem Drittel. Diese Angabe wurde klar genannt. Ich hatte mich zu entscheiden. Doch ich war unsicher und wählte hektisch und überraschend einen Weg zu einer Stadt am Meer. Aber wie, so die Frage im Traum, ist das möglich? Ich überlegte dies immer wieder. Doch ich fand keine Antwort.
Und dann wurde ich schweißnass wach und dachte an diese seltsame Entscheidungssituation im Traum. Die Frau schlief noch. Ich stand auf und sammelte meine Kleidung. Während ich duschte, kochte sie Kaffee. Sie wirkte nett und wir frühstückten. Alle Mitbewohner waren bereits unterwegs. Raga, so ihr Name, ist die Schwester einer Freundin von mir, die in einer Nachbarstadt studiert. Vor Wochen war ich dort zu einer Fete. An sie konnte ich mich jedoch nicht erinnern. Sie war wohl unterwegs zu ihrer Schwester und hatte bei mir einen Stopp eingelegt. Ein Mitbewohner hatte ihr die Tür geöffnet.
Wir erzählten, und ich erwähnte meinen Traum mit den drei Wegen.
„Die Auswahlwahrscheinlichkeit betrugt für jeden Weg genau ein Drittel?"
„Ja, so war das."
„Doch du hast dich für den vierten Weg entschieden?"

„Ja. Nur, das war eigentlich gar nicht möglich. Die Gesamtwahrscheinlichkeit der drei Wege betrug bereits hundert Prozent."

„Sicher?"

„Ja, absolut. Der Traum drehte sich um diese Zahlen. Es gab keine andere Möglichkeit. Dreimal ein Drittel ergeben Eins, also hundert Prozent. Mehr geht einfach nicht."

„Doch es kam zum vierten Weg."

„Ich weiß. Das hat mich auch schon im Traum beschäftigt. Vielleicht können Träume nicht richtig rechnen?"

„Du kannst rechnen. Und du hast geträumt."

„Sicher, aber vielleicht nicht so richtig im Traum. Zumindest tauchte der vierte Weg aus dem Nichts auf. Ich wählte ihn und war überrascht. Die Realität hält sich nicht an die eigenen Rechnungen: So mein Gedanke im Traum."

„Du hast also im Traum deinen Traum bedacht?"

„Ja. Und das fand ich sogar im Traum selbst merkwürdig."

„Es war also ziemlich verwirbelt. – Wie groß war die Wahrscheinlichkeit für den vierten Weg?"

„An sich gleich null. Vielleicht hatte jedoch jeder der drei Wege eine Wahrscheinlichkeit von nullkommadreidrei. Das wäre zusammen nullkommaneunneun."

„Es wird kompliziert. Ist das nicht dreimal ein Drittel?"

„Nein. Dreimal ein Drittel wäre genau eins. Da liegt nun eine Abweichung vor."

„Wurde also der vierte Weg über einen Fehler möglich? Komisch ist ja, dass du ihn auch gewählt hast."

„Das habe ich auch nicht verstanden. Die Rechnungen stimmten nicht und dann diese Wahl. Als ob ich mich selbst hintergangen hätte, um diese Wahl treffen zu können. Und das hat mich ja auch so irritiert und aufgeregt im Traum."

„Vielleicht hast du dich im Traum belogen. Vielleicht sogar der Traum dich. Raffiniert. – Was bedeutet das psychologisch?"

„Vielleicht gibt es Wege, die man nicht kalkulieren kann? Vielleicht spielt man mit sich selbst im Traum? Vielleicht rechnet man in Träumen anders?"

„Wer ist dann der Träumer des Traums?"

So sprachen wir einige Zeit. Und wir sprachen über diese Stadt am Meer. Völlig unerwartet kam uns die Idee: „Lass uns nach Hamburg fahren." Etwas Geld, eine Zahlbürste, eine Tüte mit Kleidung, ein Handtuch … mehr benötigten wir ja gar nicht. Und so fuhren wir kurz vor 11 Uhr mit dem kleinen Ford von Raga los. In Hamburg kannte ich noch eine Freundin und so würde es mit einer Übernachtung schon klappen. Außerdem gab es noch Jugendherbergen in Hamburg.

Kaum hatten wir die Autobahn erreicht, stotterte der Motor und der Wagen blieb liegen. Die Benzinuhr zeigte den Zustand LEER an. „Raga, wir haben kein Benzin mehr." „Gestern habe ich getankt. Da ist genug drin. Die Anzeige ist bloß kaputt." Über eine Rufsäule riefen wir die Polizei. Die kamen auch sofort und lachten nur: „Wow: Ein leerer Tank." „Die Anzeige ist kaputt." „Ja, ja!" Und schon waren sie wieder weg. Super!

Wir verständigten uns, dass ich zu einer Tankstelle entlang der Autobahn gehen sollte. Ein leerer Kanister lag im Kofferraum. Auf dem Weg dahin – es waren gut 2 km – hielt plötzlich ein großer alter Opel neben mir. Ein Mann mit leicht zotteligen Haaren, vielleicht 35 Jahre alt, stieg aus und fragte: „Gehörst du zum Kleinwagen?" „Ja." Er bot an, uns abzuschleppen. „Auf der Autobahn?" „Komm, das wird schon." Ich stieg ein. Aber richtig wohl war mir nicht.

Wir fuhren über eine Landstraße zurück zu Raga. Hinten im Opel saßen, wie ich dann realisierte, eine Frau, etwa 30 Jahre alt, und zwei etwa 17jährige Jungs, die, so wurde mir langsam klar, aus einem Jugendarrest geflohen waren. Das war ja alles sehr beruhigend!

Er schleppte uns tatsächlich auf der Autobahn ab und brachte uns noch zu einer Kfz-Werkstatt. Und ehe ich mich versah, war er weg. „Hey, vielen Dank", rief ich noch.

Die Tankuhr war tatsächlich nicht in Ordnung. Ansonsten war eine Zündspule kaputt. Und gegen 16 Uhr konnten wir mit dem reparierten Fahrzeug wieder fahren – nach Hamburg. Der Weg führte uns bei der Abfahrt in Richtung Soltau an einem Übungsgelände der NATO vorbei. Wir sprachen über Befehle, über einen möglichen Krieg in Europa und über fehlerhafte Entscheidungen. Doch dann schwiegen wir. Die Themen waren kompliziert und passten nicht so recht zu unserer Stimmung.

„Woher kennst du eigentlich meine Schwester?" „Wo wohnst du?" „Was arbeitest du?" So ging es hin und her. Wir erkundeten interessiert und möglichst unauffällig unser menschliches Gelände.

„Bist Du wie Deine Schwester?"

„Sie ist fleißig und leicht verträumt. Bei mir ist es eher umgekehrt."

„Gegensätze ziehen sich an?"

„Vielleicht. Aber es macht mich auch leicht wahnsinnig."

„Verrückt?"

„Bei mir ist es anders als sonst in der Familie. Mutter, Vater, mein Bruder und meine Schwester sind sich ähnlich. Und sie sind so christlich."

„Christlich und ordentlich?"

„Ja. Die haben immer eine Antwort."

„So eine Klarheit?"

„Ja, die wissen Bescheid und das regt mich auf. Und doch, oftmals stimmt das sogar."

„Oder wird stimmig gemacht? Also, klare Antworten. Aber sind die Fragen überhaupt klar?"

„Nein! So kommt es mir ja vor. Sie haben einfach Gott als Antwort. Es ist klar in der Hinsicht."

„Die Fragen nicht verstehen, aber mit Gott in der Tasche auf der sicheren Seite sein?"

„So ist es. Zumindest bei meinen Eltern schon sehr."

„Steht Gott nicht gerade auch für so einen Abschluss der Fragen, Handlungen und Auslegungen? Ist er nicht der geheime Ruhepunkt?"

„Aber so weicht man den Fragen doch aus."

„Das Befragen kann auch wie eine Zerstörung wirken."

„Deshalb diese Suche nach Einklang und Harmonie?"

„Kann schon sein. Doch für einige sind gerade auch die Zweifel wichtig. Und heißt es nicht sogar, dass das Fragen Ausdruck der Frömmigkeit sei?"

„Mag sein, aber so habe ich das nicht erlebt. Sie verstehen sich nicht so. Ist das Fragen nicht Teil der Sünde?"

„Ob sich Gott davon belästigt fühlt?"

„Belästigt?"

„Nun, er wird täglich ungefragt mit Gebeten beschäftigt. Möchte er sich schützen? Ist gesichert, dass sie nicht abgehört, gestört und verändert werden?"

„Vielleicht erklärt das seine Ferne."

„Wir sind naiv in unseren Anfragen. Und dann schreiben wir ihm noch Antworten zu, die er vielleicht selbst so nicht hat."

„Grenzüberschreitungen?"

„Ist es nicht gerade die Aufgabe des Gläubigen, Gottes Antwort zu klären?"

„Diesen Gedanken gibt es."

„Ja, es wirkt nett und doch zugleich dogmatisch: Gott als Antwort, ohne dass man die Frage richtig versteht. Die Glorifizierung der Verunsicherung und der Fragen ist auch seltsam. Kann so die Welt funktionieren?"

„Funktioniert sie?"

Wie führt man unverfänglich ein Gespräch?

Am späten Nachmittag erreichten wir Hamburg und fuhren zur Elbe nach Blankenese. Es war warm. Aufgekratzt und aufgedreht waren wir. Die Sonne, die salzige Luft und die Ereignisse trugen dazu bei. Wir waren tatsächlich im Norden! Am Ufer lagen wir, tranken Alsterwasser und freuten uns über das kleine Abenteuer. Wir sahen den Frachtern und Containerschiffen nach.

Das mit der Übernachtung klappte. Wobei die Freundin den Abend über gar nicht da war. So besuchten wir noch die Innenstadt und den Hafen. Wir fuhren mit den Fährbooten über die Elbe – immer wieder hin und her.

Das ging problemlos. Raga hatte eine Flasche Likör dabei. Die Atmosphäre war wunderbar leicht und frei. Im Übergang zur Nacht verflogen die Linien der Welt und pastellartige Farben leuchteten leicht verzeichnet auf. Es war eine eigene und ungewöhnliche Stimmung. Wir sprachen über dies und das. Später besuchten wir noch eine Altstadtkneipe.

Und hier fragte ich dann Raga: „Vielleicht steht dir ein großes Vermögen zu?" „Mir? Wieso?"

„Na, du bist anders als deine Schwester. Überhaupt anders als deiner Herkunftsfamilie. Vielleicht gehörst du gar nicht dazu?"

„Hä, wie das?"

„Vielleicht hat man dich vertauscht. Damals bei deiner Geburt. Sonst wärest Du nun vielleicht eine Gräfin oder Fabrikbesitzerin. Dir würde sehr viel Geld gehören. Und du könntest reisen!"

„Findest du auch, ich sei was Besonderes, was Besseres?"

Am nächsten Morgen brachen wir problemlos auf. Wir sprachen noch von dem Abschleppvorgang vom Vortag. „Das war komisch. Wie ein Engel, der uns gerettet hat." „Gerettet?" „Wir brauchen immer wieder Engel, die uns retten."

„Womit beschäftigst du dich eigentlich in deinem Studium?"

„Mit der Ausbreitung von Licht."

„Wie?"

„Wir nutzen Gleichungen, die man nur teilweise lösen kann. Es sind Näherungen. Wobei wir die Abweichungen so klein wie möglich machen können."

„Und so kann man das Licht beschreiben? All die Farben und so?"

„Ja, das ist dann kompliziert. Aber es gelingt."

„Hauptsache, die Welt verhält sich auch so."

„Das ist die Frage. Vielleicht passt unsere Mathematik gar nicht richtig zur Welt. Diese kleinen Abweichungen gaukeln uns eine Welt vor, die so gar nicht existiert. Wir wundern uns und kommen doch nicht so richtig aus dem Rahmen raus."

„Rahmen? Was ist das?"

„Das sind die Vorstellungen, die wir mitbringen. Ohne diese könnten wir nichts erkennen. Aber zugleich verkennen wir die Welt eventuell so auch."

„Der Rahmen – das sind also Vorstellungen?"

„Ja. Aber das ist selbst auch nur eine Vorstellung. Vielleicht sind es eher Sätze und dann sogar nur noch Gleichungen."

„Also Mathematik?"

„Genau. Und diese muss interpretiert werden."

„Es kann nur erkannt werden, was die Mathematik zulässt?"

„Gut gesagt. Es gibt aber noch die Experimente und die Phänomene. Quasi zur Kontrolle. Über sie meldet sich die Welt und beurteilt in ihrer Art das Ganze. Es hängt aber auch von den Möglichkeiten der Mathematik ab, was erkannt werden kann."

„Der Rahmen bestimmt die Welt?"

„In gewisser Hinsicht schon. Unser Reden über diese Welt hängt von dem Rahmen ab. Die Phänomene melden sich manchmal so, dass wir Fehler oder auch Unbekanntes erkennen können. Also Fehler in unserem Verständnis der Welt. Auf jeden Fall müssen die Gleichungen erklärt und interpretiert werden. Die Mathematik ist mit Blick auf die Welt auslegbar. Es gibt Lösungen, die auf die Realität hinweisen. Und andere Lösungen, die eventuell unsinnig sind. Das ist nicht so einfach geklärt."

„Kannst du ein Beispiel geben?"

„Heisenberg und Euler, zwei deutsche Physiker, überlegten in den 1940er Jahren, ob Lichtteilchen miteinander wechselwirken können. Dazu untersuchten sie verschiedene Gleichungen. An sich sahen die Gleichungen der Physik eine Wechselwirkung nicht vor. Jedoch konnten Heisenberg und Euler eine solche Möglichkeit finden. Das CERN, eine physikalische Forschungseinrichtung in Genf, teilte 2017 mit, dass bei Messungen Wechselwirkungen zwischen Lichtteilchen ermittelt wurden. Es treten Streuungen der Lichtteilchen aneinander auf. Zugleich verkomplizierten sich die Vorstellungen, die wir von Teilchen haben."

„Also 75 Jahre später bestätigten sich die Überlegungen?"

„Ja. Und die überlieferten Annahmen zum Licht wurden als fehlerhafte Vorstellungen erkannt."

Die Landschaft flog an uns vorbei. Später sprachen wir noch einmal über die Sehnsucht der Gläubigen nach Gewissheit und über unser zufälliges Leben.

„Verbinden sich in Gott Ruhe und Unruhe?"

„Vielleicht ist genau das die Stärke dieser Vorstellung."

„Glaubt der Gläubige, weil es ihm hilft?"

„Ja, das kann sein. Spricht das nun für Gott oder gegen ihn? Oder berührt es die Frage nach Gott gar nicht? Wird Gott so zu einer fremden Größe, mit der wir gar nichts anfangen können?"

„Ist Gott eine Vorstellung? Ein Wort? Und wo kann es sinnvoll verwendet werden?"

„Ja, wo ist das Wort angebracht? Und wo entspricht es der zugehörigen Idee?"

„Gott ist doch nicht nur ein Wort!"

„Sondern?"

„Gibt es einen Sensor, einen Sinn für Gott in uns? Ist das angeboren?"

„Vielleicht ein Fühlen? Eine Intuition?"

„Aber was sagt das dann? Wie kann ich dies von einer Täuschung unterscheiden?"

„Pragmatisch gesehen kann man fragen: In welcher Hinsicht hilft dies? Und ist dies wirklich mitteilbar? Oder bleibt es eine persönliche Marotte? Geht mit dem Reden über Gott ein Wahrheitsanspruch einher? Oder ist dieser Anspruch selbst schon abwegig?"

„Erzeugt das Wort Gott vielleicht eine Abwehrhaltung bei anderen Menschen?"

„Ja, das kann schon sein. Aber vielleicht ist diese Abwehr auch nur Ausdruck einer Angst. Diese Angst vor der Religion! Vor Gott?"

„Vielleicht möchte man Gott mit der Idee der Harmonie auch fangen. Was wäre, wenn Gott selbst die Fehler und Abweichungen in die Welt bringen würde? Einfach, um das Spiel in Gang zu halten."

„Ist die Welt ein Spiel? Ermöglichen die Fehler dann die vierten Wege? Ist Gott selbst ein Betrüger?"

„Im Sinne der naiven Weltkonzeptionen vielleicht. Aber warum soll die Welt so einfach sein? Vielleicht ist er ja raffiniert und listig."

Am frühen Nachmittag waren wir wieder zurück.

„Wohin geht es jetzt?" „Ich fahre zu Markus", murmelte Raga.

„Oh. Nun ja … also dann."

So fand unsere Fahrt ihren Abschluss.

Erst später, sehr viel später erfuhr ich zufällig, dass ihr Ziel wohl eher ein Malkurs war. Zumindest kannte ihre Schwester keinen Markus. Wir trafen uns nie wieder.

(*) Wittgenstein, Ludwig, Tractatus logico-philosophicus (Logisch-philosophische Abhandlung), Satz 6.432)

(**) Hegel, G. W. F., Phänomenologie des Geistes, Einleitung (S. 56)

Hinweis zu Heisenberg und Euler: Heisenberg, W., Der Teil und das Ganze, Kapitel 13.

Ein Kartengruß und ein Gedicht

Die rötliche Eingangstür zeigte, soweit mochte Ben sich erinnern, genau nach Norden. In der Tür aus hochwertigem Mahagoniholz war im unteren Drittel genau in der Mitte ein Briefschlitz eingefügt. An einem Frühsommertag fiel durch diese Öffnung, die durch eine Metallabdeckung verschlossen wurde, ein kleiner Brief auf den Steinboden. Das Geräusch der metallischen Briefschlitzabdeckung, die zurückfiel, schallte lautstark durch das Haus. Es war früh am Morgen und alle waren noch in ihren Schlafzimmern. Alle hatten dies, so seine Annahme, gehört. ‚Gott sei Dank' war wohl der Gedanke, den, so seine Befürchtung, alle dachten. Der Briefumschlag war weiß und mit einem schwarzen Filzschreiber beschriftet. Es war ein Abschiedsbrief. Eine komplizierte Landschaft aus verwirrten Gefühlen und Sehnsüchten wurde dargestellt. Es war wie eine Reise um einen unscharfen Kern. Doch es drehte sich um einen anderen Mann. Beinahe jeder Psychologe hätte dies sofort erkannt. Körperliche Bedürfnisse und Nähe, Betrug und Fremdgehen, Schuld und Schmerzen, Tränen und Hoffnung, Jesus und Vergebung … waren die Dreh- und Angelwörter. Gegen diesen Brief mit seiner Mitteilung gab es damals kein richtiges Aufbegehren bei Ben. Wut, Enttäuschung und Verärgerung waren für ihn nicht vorgesehen. Eher wurde unbeirrt die Frage nach seiner Schuld gestellt. „Was hast du wieder falsch gemacht?" Schuld nach welchem Maßstab? Verursacht durch die menschliche Natur? Schuld, weil eine Sehnsucht nach Vertrauen und Verlässlichkeit vorlag? All dies wurde nicht artikuliert. Ja, es wurde noch nicht einmal richtig empfunden. Erst viele Jahre später wunderte er sich über seine damalige Ergebenheit.

All dies fiel Ben nun schockartig ein, als er im Briefkasten einen weißen Umschlag ohne Absenderangabe fand. Die Briefmarke war nicht abgestempelt. Es kam ihm im ersten Moment wie eine Briefleiche vor. Übel wurde ihm und leicht schwindlig. Im Brief lag eine Ansichtskarte mit dem Bild von einer Badebucht. Dazu gut fünfzehn Zeilen an Text und gesondert ein Gedicht. Die Person – sie hatte nur mit ihrem Vornamen unterschrieben, nennen wir sie A* – kannte ihn. Sie erwähnte nach „Lieber Ben" aktuelle Kontexte. Auch wurden Details angedeutet, die von einem genaueren Wissen um Ben geleitet waren. Erwähnt wurden Prüfungen, die sie beide – A* und Ben – in den letzten Monaten abgelegt hatten. Wobei nicht klar wurde, ob es die gleichen Fächer waren. Auch gab es einen Hinweis auf eine Reise von Ben ins Ausland. Wer wusste von der Reise? Er selbst hatte kaum davon erzählt. A* berichtete von ihrem Erholungsurlaub am Meer. Auch schrieb sie von weiteren Prüfungen, denen sie sich in den nächsten Monaten zu unterziehen hätte. Es leuchtete in einigen Zeilen eine Nähe auf, die er sich nicht erklären konnte. Lag eine Verwechselung, ein Irrtum, ein Missverständnis, gar ein Scherz vor? Seine Anschrift war vollständig und richtig aufgeführt. Wer kannte seine Adresse? Seine Daten hatte er immer nur zurückhaltend frei gegeben. Ben konnte sich keinen Reim auf den Brief machen. Beim Nachdenken fielen ihm drei mögliche Frauen ein. Dabei war er selbst erstaunt, wie viele Frauen in seinem Umfeld diesen Vornamen trugen. (Wahrscheinlich hatten deren Mütter, so spekulierte er, in kulturell vergleichbaren Kontexten eine entsprechende Namensfindung gestaltet.) Warum hatte A* ihren Nachnamen und ihre Adresse nicht angegeben? Die Briefmarke war nicht entwertet. Aber er fand nah der Briefmarke Farbspuren, die auf einen Stempelvorgang hinwiesen. Auch auf der Rückseite waren entsprechende Stempelspuren – schwarze Schlieren – zu finden. Insofern ging Ben davon aus, dass A* ihm aus dem Urlaub geschrieben hatte. Alemania stand im Adressfeld. Er fand den Aufdruck Cara Elos. Tatsächlich gab es südöstlich von Palma de Mallorca ein entsprechendes Hotel. „Tschüss, Deine A*": So endete die Nachricht. Klingt so ein Abschied? War es Ausdruck einer Nähe? Oder einer Vergeblichkeit? Oder gibt dies nur seine Gefühle angesichts der Unauflösbarkeit wieder? Wer ist A*? Die Frage blieb.

An eine A*, die er kannte, schrieb er probehalber. Sie antwortete unverzüglich und freute sich über seine Nachricht. Auch erinnerte sie verschiedene Erlebnisse und erzählte von sich und ihrer Entwicklung. Doch sie hatte die Karte nicht geschrieben. Von den anderen möglichen A*s hatte er keine Adressen. Inzwischen war er auch mit den Vorbereitungen auf die noch ausstehende Prüfung beschäftigt und dachte nicht weiter über A* nach. Der Brief geriet in ein Buch, das er verlegte. Erst Jahre später fand er dieses Buch wieder und entdeckte erneut den Brief. Wieder begann er über A* nachzudenken. Mit einer Lupe hat er den Brief noch einmal genau studiert und konnte einige Besonderheiten – Linien, Striche, Buchstabenformen – erkennen. Auch fiel ihm unerwartet noch eine weitere A* ein, die er damals vergessen hatte. In seinem Gedächtnis war ein Besuch in einer Wohngemeinschaft in einem alten Wohnhaus am Waldrand hinter dem Stadtkern abgespeichert. Es gab dort einmal eine Begegnung und ein Gespräch. Die Zusammenhänge waren ihm nicht mehr klar. Er erinnerte ein Lachen und eine ungewöhnliche Freundlichkeit und Intensität im Gespräch. Deutlich sah er den Abschied vor der Tür. Gab es eine herzliche Umarmung? Warum hatte er sie vergessen? Dennoch, es ergab sich keine klare Auflösung. Auch war die Zeit verlaufen. Dann kam ihm die Frage, ob damals in einer Arbeitsgruppe, an die er sich auch erst jetzt wieder erinnern konnte, eine Frau mit dem Namen A* war. Er fand überhaupt keine Aufzeichnungen und Listen mehr aus dieser Lebenszeit. Und doch gab es da jemanden, der um seine persönlichen Begebenheiten wusste. Und auch ein Interesse signalisierte, so schien es Ben, das ihn berührte, vielleicht aber auch beunruhigte. Er suchte im Internet unter Verwendung der ihm bekannten Namen und Daten (Berufe, Lebens-, Studienorte usw.), die er zum Teil kreativ festlegte. Er fand Hinweise, die er aber letztlich nicht eindeutig zuordnen konnte. Eine Auflösung für A* fand er nicht.

Ihm blieb noch das Gedicht, das er bisher kaum beachtet hatte. Es war auf einem gesonderten Zettel geschrieben. Auf der Karte selbst gab es keinen Hinweis auf dieses Gedicht. Was es für ihn? War es selbst Ausdruck einer verunglückten Beziehungsgeschichte? Ausdruck des Schicksals? Gibt es eine verborgene Botschaft? Lag einer dieser merkwürdigen Fehler im Leben vor, die nicht zu klären sind?

Himmelsschnuppen

Gern wäre ich geblieben
Das Holz hatte ich gewählt
Und dir den Mantel genäht

Der Mantel war gediegen
Doch die Vielfalt der Stimmen
Verführte dich zum Schweben
Dazu fielen Sternschnuppen
So blieb mir nur ein Gehen

Mal wieder so nebenbei
Tragen wir uns und die Zeit
Und sind alltäglich bereit

Das Leuchten in den Wolken
Folgt den glühenden Erzen
Und weiß um schwere Knochen
Wären wir doch wirklich frei
Könnten wir den Himmel sehn

Die Stimmung im Gedicht gefiel ihm. Er betrachtete es näher.
A (Zeilen 1-8)
Holz: organische Materie, kann handwerklich verarbeitet (Möbel) werden, durchaus solide.
Mantel: persönlicher, leibbezogener Gegenstand, schützt und wärmt; individuelle Fertigung.

Vielfalt der Stimmen: beeinflusst / irritiert; ablenkende Kräfte / innere Störung; innere Fokussierung.

Verführte; Schweben: die klare Bezogenheit geht verloren.

Sternschnuppen: Materialität, auch mit einer symbolischen, spirituellen Bedeutung. Schicksal an?

Gehen: wohin? Wieso „nur"? Unabwendbar / eine Rationalisierung? Beziehungsverlust?

B (Zeilen 9-11)

Nebenbei: klingt beliebig / zufällig; eine Erfahrung, die schon öfters („wieder") gemacht wurde.

Tragen wir uns: die Verbindung leuchtet auf (=> uns); ontologische Dimension (die Zeit)?

Alltäglich bereit: ewige Fluchterfahrungen? Wer wehrt sich?

C (Zeilen 12-16)

Leuchten, Wolken: metaphysische Leichtigkeit / Unklarheit; es schwebt, eine andere Sphäre.

Glühende Erze: Bindung zur Erde (=> bleib der Erde treu!); metaphysischen Leichtigkeit / Gründe.

Schwere Knochen: biologischer Grund: real – nicht nur interpretierbar.

Wären … wirklich frei: Besinnung auf die Möglichkeiten, Gegebenheiten und Zwänge.

Himmel sehen: Sehnsucht nach einer anderen Bezugswelt? (Freiheit? Erlösung?)

Er fand für sich einen inneren Bezug zu dem Gedicht. Eine Aura leuchtet auf, die dann zerbröselt. Das Gesuchte zerfällt im Moment des Übergangs, in einem intensiven Augenblick. In dieser spannungsvollen Zweideutigkeit fand er sich wieder. Als ob eine rationale Betrachtung auf eine magische Sehnsucht nach Verbindung und Nähe stößt. A* schien ihm eine Ahnung, ein Wissen zu besitzen, das um das Leben weiß. Insofern war ihm das Gedicht vertraut. Doch warum hatte A* ihm dies geschickt? Hatte sie die Hoffnung, sie würden sich treffen? Warum hatte sie sich nicht noch einmal gemeldet? War ihr bekannt, dass er sie nicht identifizieren konnte? (Oder kann er dies doch?) Hatte sie einen Unfall oder sich selbst anders orientiert? Oder interpretiere er diesen Brief und diese Zeilen falsch? Lag doch ein Scherz vor? War alles so geplant? Wurde so eine vorher erlebte Spannung ausgedrückt? Eine Spannung, die er vielleicht aus ihrer Sicht verursacht hatte? Es wurde interessant und kompliziert. Er verband mit dem Brief und dem Gedicht bei aller Unruhe und dem ärgerlichen Gefühl der Nichtauflösbarkeit auch ein Gefühl der Versöhnung und Vollkommenheit. Vielleicht sogar ein Gefühl der Erfüllung. Letztlich waren sich ihre Seelen zumindest mit Blick auf das Gedicht nah. Ben fragte sich aber auch, ob ihn die mit der Rätselhaftigkeit einhergehende Spannung besonders beseelten. Reizte ihn das unauflösbare Geheimnis? Und dies stärker als A* selbst?

Etliche Zeit später besuchte Ben eine Kneipe, in der er in den Abendstunden eine Bekannte aus beruflichen Gründen traf. Nach einiger Zeit fiel ihm eine Frau auf, die er als C* identifizierte. Sie hatten mal vor Ewigkeiten für einige Tage an einer Themenstellung parallel gearbeitet. Er fand sie zumindest hübsch. Aber letztlich wohl auch zu hübsch. War sie etwas spröde? Gar stolz? Oder war es Unsicherheit? Es waren damals berufliche Begegnungen, die eher im Konkurrenzgelände angesiedelt waren. Sie musterten sich an diesem Abend gegenseitig einige Momente lang im dämmrigen Licht. Es blieb bei einem unentschiedenen Blick. Sie nickten sich bestenfalls vage zu. Später am Abend ging Ben zur Toilette und hörte, derweil eine dritte Person am Tisch von C* stand (und kassierte?), undeutlich: „… doch A*, das war …". Erst auf der Toilette wurde ihm dies bewusst. Es machte bei ihm plötzlich „klick". War C* die gesuchte A*? Hatte er einen falschen Vornamen erinnert? In ihm tauchte das Gefühl auf, das Rätsel gelöst zu haben. Als er nach wenigen Minuten zurückkam, war sie jedoch bereits gegangen. Auch ihre Begleitung, die andere Frau, war nicht mehr da. Ben schaute sich in der Kneipe um und eilte zur Tür. Doch er konnte sie nicht finden. Keiner kannte sie; keiner konnte ihm eine Auskunft geben. War ihm das Glück ausgewichen? War es seine Schuld? Auf ihrem Tisch fand er einen Bierdeckel mit folgender Zeile: „suche Wasser und schwimme: Di / 22 Uhr / Nussa". Von A*? Doch ein Spiel? Wo liegt das Nussa?

Das blaue Abteil

An einem Nachmittag kam ich spät zum Bahnhof. Der Pfiff zur Abfahrt ertönte, als ich noch in der Unterführung zum Gleis war. Es gelang mir, im Moment der Abfahrt die letzte Wagentür zu öffnen. Ich kletterte in einen Transportwagen und wunderte mich über meinen Mut. Nach ein paar Minuten suchte ich im Waggon, der überholungsbedürftig war, nach Sitzplätzen. Zementsäcke, Werkzeuge und Pumpen standen dicht an dicht. Nach einigen Metern entdeckte ich ein leeres Abteil, das wohl für die Mitarbeiter gedacht war. Es war blau gestrichen, sauber und kühl. Auf ein Ledersofa setzte ich mich.

In diesem Mai waren die Tage so warm wie ansonsten erst die Hochsommertage. Die Luft stand trocken und staubig in den Straßen und heizte die Gebäude und Wohnungen auf. Die Tage vergingen für mich leicht schwebend. Eine südländische Atmosphäre prägte die Stimmung und auch mein Selbstempfinden. In diesen Monaten fuhr ich öfters vom östlichen Bahnhof mit dem Zug um 17.55 Uhr, der meistens restlos überfüllt war. Die Menschen drängelten sich, und ich stand oftmals eine halbe Stunde. Der Zug bestand aus vier Personenwagen und zwei gewerblichen Waggons.

Auf dem Sofa im Maschinenwagen schlummerte ich nach kurzer Zeit ein. Vor meinem inneren Auge tauchten Wolkenfetzen auf, die über ein Meer zogen. Plötzlich bildeten sich kompakte Wolken. Kurz vor meinem Ziel raffte ich mich auf und verließ am Bahnhof den Zug. In den folgenden Wochen stieg ich immer wieder in diesen gewerblichen Waggon, wenn er angehängt war. Ich war der einzige Reisende, der diese Möglichkeit nutzte. Nach einiger Zeit hatte ich mich an dieses Privileg gewöhnt. Nie kam ein Schaffner und kontrollierte mich. Wohl existierte ich gar nicht für das Unternehmen. Ich war für mich, konnte nachdenken und träumen. An einem Tag im Juni vernahm ich jedoch ein schwaches Geräusch. Es war ein Atemzug. Hörte ich meinen eigenen Atem? Nach einiger Zeit öffnete ich die Augen und sah eine Frau in etwa in meinem Alter. Sie war apart, trug einen Rock und ein helles Hemd. Als ich sie wahrnahm, schlief sie. Einige Momente lang beobachtete ich sie, schaute wieder in die Landschaft und schlummerte erneut ein. Als ich ausstieg war die Frau nicht mehr da. Nichts deutet mehr auf sie hin. Eine spukartige Erscheinung? Hatte ich geträumt?

In den folgenden Monaten tauchte sie immer mal wieder auf. Sie stieg in der ersten Zwischenstation ein. Meistens schlief ich schon leicht. Sie fuhr, dies wurde mir klar, immer gut zwanzig Minuten mit und ruhte sich während der Fahrt aus. Die Frau war in etwa 35 Jahre alt. Erst nach einiger Zeit sahen wir uns zugleich bewusst, nickten uns zu und lächelten. Meine Träume drehten sich weiterhin um Meereswellen und helle Sommerwolken: Doch in diesen Träumen tauchte nun auch diese Frau auf. Es waren unproblematische Träume. Kein Streit, keine Wortgefechte oder Empfehlungen; keine Konkurrenz. Ein selbstverständliches Beieinandersein. Ein achtvoller Umgang. Doch einmal ging es um den Kauf von Krabbenbrötchen und Bier an einem Deich. Wir wollten beide zahlen. Dies konnte nicht geklärt werden. Der Traum steckte fest.

An einem Donnerstag trafen wir uns wie zwei Privatgäste. „Wie haben Sie das Abteil gefunden?" „Zufällig. Der Zug war überfüllt. Ich ging am Bahnsteig entlang, landete in diesem Waggon und fand das Abteil, in dem sie schliefen. – Und Sie?" „So ähnlich war es auch bei mir." „Manchmal fragte ich mich schon, ob ich für Sie ein Geist oder Gespenst bin." „Ein Geist?" „Wenn ich komme, schlummern Sie schon. Wir fahren beide leicht schlafend miteinander. Gibt es unsere Begegnungen überhaupt?" „Doch", so ich spontan, „klar, es gibt sie. Doch über die Gespenster-Engel-Geister-Feen-Möglichkeit habe ich auch nachgedacht. Jedoch zumindest in meinen Träumen treten sie real auf." Sie lachte: „Oh, eine ungestörte Übertragung." „Gut, das wäre zu klären. Aber heute nicht mehr. Ihre Station kommt." In der Eile sagten wir uns noch die Vornamen: Ina und Nis. Nach gut fünf Minuten kam auch meine Station. Im Aufbruch entdeckte ich ein schwarzes, in Leder gebundenes Buch. Viele Merkzettel schauten raus. ‚Sie hat es vergessen', ging es mir durch den Kopf und verstaute es in meiner Tasche. Doch in den Wochen danach fuhr ich nicht mehr mit dem Zug. Ich musste ein größeres Projekt abschließen und war oft außerhalb der Stadt unterwegs. Manchmal fuhr ich erst gegen 20 Uhr. An Ina dachte immer mal wieder. Doch das ›Schwarze Buch‹ geriet in Vergessenheit.

Ab September fuhr ich wieder mit dem 17.55 Uhr. Und so trafen wir uns auch wieder. Unsere Gespräche waren nett und lebendig, doch sie blieben auch vorsichtig. Nur, woran war dies zu messen? Ich hatte den Eindruck, als ob es einen unbekannten Mittelpunkt geben würde, um den sich die Verständigung drehte. In den Wochen las ich in Skripten zu elliptischen Gleichungen und war in einer besonderen Welt. So schien es mir; und so erklärte ich mir das Zögerliche. Ina erwähnte einmal Kirchenlieder und den Gedanken von der Unerkennbarkeit Gottes in dieser Welt: „Wo versteckt er sich?" Ich fand das interessant, aber auch schwer auflösbar. Und überhaupt: Er, sie, es?

Meine Träume veränderten sich in diesen Wochen. Die Friedfertigkeit zwischen uns hatte sich aufgelöst. Ina spielte eine immer kompliziertere Rolle. Es kam in den Träumen zwischen uns auch zum Streit. Wir standen zum Beispiel in einer länglichen Küche, redeten laut und warfen uns Sätze an den Kopf. Die Situation eskalierte: Es fiel Geschirr, das auf dem Boden zerbrach. Ich versuchte, im Traum Kompromisse zu finden. ‚Soll ich zum Abendessen was holen', fragte ich. Doch sie warf den letzten Teller absichtlich und konzentriert auf den Boden. ‚Das war nicht nötig', dachte ich im Traum. Träume dieser Art tauchten nun öfters auf. Zum Teil wurde ich verstört wach und ein Gefühl der Verunsicherung begleitete mich am nächsten Tag. Die Träume konnte ich mir nicht erklären. Alle Deutungen blieben krumm und vage. Zum Teil fand ich Bezüge zu Alltagsereignissen. Ich war besorgt. Einmal deutete ich dies Ina gegenüber an. Sie hörte interessiert zu. Doch dabei blieb es. Ich erhielt keine Rückfragen oder gar Antworten. ‚Warum erzähle ich davon?' Ich verstand weder die Zusammenhänge noch mich selbst. Gegen Mitte September kam es zu einer ungewöhnlichen Begebenheit. Unser Zug blieb auf freier Strecke stehen. Es dauerte, bis uns klar wurde, dass eine Betriebsstörung vorlag. Siebzig Minuten mussten wir warten. Zwei Äpfel und einige Kekse hatte ich. Ina steuerte Käse und eine Flasche Rotwein bei. Gläser hatten wir keine. Dennoch wurde es eine kleine, nette Party. Wir sprachen über Dornröschen und politische Aspekte. Plötzlich erinnerte ich mich an das ›Schwarze Buch‹ und erzählte davon. „Sie haben das?" Eine Stille trat auf. Mir war das unangenehm, ja beinahe peinlich. „Es lag im Abteil." Ich versprach, Ina das Buch so bald wie möglich zu geben. Sie lächelte. War alles okay? Der Zug fuhr wieder los, und wir erreichten unsere Bahnhöfe. In den Wochen danach hatte ich zwar das Buch dabei; doch Ina traf ich nicht.

Meine Träume wurden zum Teil immer wilder und auch skurriler. Dann jedoch kehrte eine unendliche Ruhe ein. Ich wanderte zum Beispiel allein unter einem blauen Himmel über weite Sandstrände.

Irgendwann schaute ich in das ›Schwarze Buch‹, auf der Suche nach einer Adresse. Lieder, Psalmen und Aphorismen fand ich. Ich fand Bemerkungen und Notizen zu religiösen Fragen und zu Gedichten. Ich meinte, ein Lebensringen, gar eine Glaubenskrise erkennen zu können. Träume wurden erwähnt. Doch eine Adresse o.ä. konnte ich nicht finden. Machte ich mir Sorgen? Ich besann mich auf meine mathematischen Fragen. Doch ich war oft unkonzentriert, schaute in andere Züge und suchte nach Ina auf Bahnhöfen. Ich fand sie nicht. Ich skizzierte ihr Gesicht und legte einen Suchzettel aus. Nach einigen Wochen erhielt ich tatsächlich einen Brief von Ina. Sie bat mich um das schwarze Buch und nannte eine Gärtnerei, in der wir uns zu einem Frühstück treffen könnten. Tatsächlich gab es ein Café in der Gärtnerei. Lebendig war unser Gespräch. Es gab sogar Sekt. Dann kam ihr Bus. Sie gab mir einen Adresszettel: „Ich melde mich." Es war, wie ich später sah, eine Postfachadresse.

Gut einmal im Jahr bekam ich von ihr einen Brief. Sie berichtet von ihrer therapeutischen Arbeit mit Kindern und erwähnte eine Glaubensgemeinschaft. Manchmal legte sie Bilder, Gedichte, Kalender und sogar Bücher dazu. Antworten konnte ich nur über das Postfach. Ich schrieb von mir und meiner Arbeit und fügte auch Texte bei. Dann erhielt ich über längere Zeit keine Mitteilung mehr. Später schrieb sie von einer schwierigen Krankheit, doch es würde ihr wieder besser gehen. Ich wäre ihr für immer sehr wichtig. Für immer?

Eines Tages erhielt ich ein Schreiben aus Italien. Inas Mutter, von der ich zum ersten Mal erfuhr, teilte mir mit, dass Ina verstorben wäre. Sie erwähnte den Ehemann von Ina und ihren Sohn. Seit vielen Jahren hätten sie getrennt gelebt. Eine Scheidung wäre undenkbar gewesen. Ina arbeitete und lebte in einer spirituell-kirchlichen Gemeinschaft. Von mir hätte sie öfters berichtet. Sie schickte mir die Todesanzeige und dazu einen Brief von Ina an mich. Dabei lag auch das ›Schwarze Buch‹. Im Brief fand ich ein Foto vom blauen Abteil und einen Zettel mit Fragen: ›Sind Geburtsräume blau? / Spricht mein Atem in der Stille zu mir? / Ist die Traumlogik immer gleich? / Was wissen Träume von der Physik? / Gibt es Feen, Engel, Geister, Gespenster? / Erkennt mein Bruder mich? / Erträgt das Leben jeden Sinn? / Kennt Gott sich selbst und seine Gründe?‹ Verwundert sah ich die Fragen und ungläubig die Traueranzeige: Wir hatten am gleichen Tag Geburtstag!

PS: Nach Tagen träumte ich von Meereswellen, die Wolken bildeten und zu einer kleinen Kapelle, die innen hellblau gestrichen war, zogen. Es gab eine Vermählung. In einem Kelch schwammen Oblaten im Wein. Ein Schlüssel fehlte; ein großes Auge schaute.

Blutspende und blaue Tropfen

Am Vormittag läuft mein Blut, es ist bläulich-braun, langsam durch eine Kanüle. Alle drei Monate spende ich 460 ml für ein Frühstück und 56 Euro. Danach gehe ich zur Bibliothek und lese. Die Spende unterbricht mein Leben – eine begründungsfreie Auszeit. Diesmal verlasse ich die Klinik gleich nach dem Frühstück und gehe in die Innenstadt. In einer Buchhandlung kaufe ich ein Heft zum Thema ›Glaube, Denken, Wissen‹ und schlendere durch Gassen, die vom Frühsommerlicht durchflutet werden. Ich kehre in ein stadtbekanntes Kakaohaus ein und kaufe Rumkugeln. Beim Verlassen begegne ich Antonia, der Mutter von Cathrine. Sie ist, so mein Gedanke, beinahe meine Ex-Schwiegermutter. Wir nicken uns zu; und nebenbei in Eile meint sie: »Komm mal vorbei.«
Auf dem Heimweg überquere ich bei einer Kreuzung wenige Meter abseits von einer Ampelanlage die Straße. Ich suche nach einer Lücke im Autoverkehr, wage mich bis zur Straßenmitte und schaue. Ein Pkw biegt ab; es ist kein weiteres Fahrzeug zu erkennen. So gehe ich die letzten Meter zum Bürgersteig. Doch kurz davor ertönt eine Hupe: Ein Kleinwagen fährt an mir vorbei. Ich bin irritiert und erschrocken. Woher kam er? Habe ich geträumt? Auf dem Bürgersteig realisiere ich die Gefahr. Der Pkw ist inzwischen 20 m entfernt. Wollte er mich grüßen, warnen, ermahnen? Kannte der Fahrer mich? Das Fahrzeug ist mir unbekannt. Ich bin verärgert und beunruhigt. Hätte er mich im Zweifelsfall überfahren? Ein Bremsen oder ein Ausweichen habe ich nicht bemerkt.
Nachts träume ich von einer Frau, die ein Motorrad mit Beiwagen packt. Licht fließt wie Milch in langen Fäden aus dem Tank. Wir streiten. Dann löst sie sich auf. ›Pass auf Dich auf!‹, ruft sie mir noch zu.
Drei Monate später besuche ich Antonia nach einer Blutspende. Meine Zeit mit Cathrine liegt Jahre zurück. Was führt mich zum Besuch? Ich klingele, doch keiner öffnet. Ich finde sie allein im hinteren Garten bei der Wäsche. Körbe trage ich ins Haus. In der Küche trinken wir Kaffee und erzählen vom Leben und über Literatur. Antonia, die als Lehrerin arbeitet, liest mir einen Traum vor: »Seitlich von einem Feldweg wachsen Blumen. Da ist eine schwarze Teerstraße. Der Teer ist weich und klebt. Plötzlich ertönt laut ein NEIN. Die Uhr steht.« »Wer hat das Nein gesagt?« Wir rätseln darüber und über den Weg und wissen es nicht. Was ist ein Nein im Leben? Mit dem Nein zerfällt eine Ordnung, eine Idee, eine Hoffnung. Unser Gespräch wird lebendig. »Man muss im Leben«, so Antonia, »springen. Keiner kann es einem abnehmen. Nur du kennst deine Gründe.« »Und die Gründe der anderen? Sie sind mir auch wichtig.« »Ja, so denken wir. Wir spüren Nähe und Ferne. Doch wir wissen wenig. Vielleicht gibt es keine echten Gründe. Verstehen wir das Schicksal falsch? Sind unsere

Lebenserwartungen überzogen? Überschätzen wir das Denken? Da ist immer ein Geheimnis. Doch es ist deine Zeit, dein Empfinden, dein Leib.« Wir stehen noch im Aufgang zur Kellertreppe. Antonia raucht, trinkt Rotwein und meint: »Die Welt ist tief – doch unser Blut bindet uns, auch wenn wir die Bindungen nicht verstehen; ja, kaum kennen.« Ein Bedürfnis nach Wärme ist in mir.

Mit dem Rad fahre ich durch einen Wald nach Hause und sehe weißen Dunst, der schwebt. Ich schmecke Sahne. Kennzeichnet das Warten und das Unerfüllte das Leben? Ich bin euphorisch, zugleich gereizt und traurig. Wann sind wir frei? ›Hier, in diesen Straßen‹, so geht es mit durch den Kopf, ›wird es keine Erfüllung geben.‹ Ich sehne mich nach salziger Luft. Mir erscheint Cathrine. Als ich in meinem Arbeitszimmer bin, fallen unerwartet Regentropfen auf die Fenster. Etwa hundert Tropfen. Eine Leichtigkeit liegt im Raum. Blaue Tropfen fallen. Dann regnete es Blut. Fern legt sich eine Straßenbahn kreischend in eine Kurve und im Haus erklingt ein Akkordeon. Wer spielt was?

Laborbetrieb

Früh am Morgen ging ich durch lange Straßen der noch leeren und stillen Stadt. Nach guter einer halben Stunde stieg ich in einem großen Betonblock Stufe für Stufe in die Kellerräume der Forschungseinrichtung. Ich kam in einen Raum, der keine Fenster hatte. Es war mein Laborraum. Auf einer großen Marmorplatte hatte ich eine komplexe Messeinrichtung aufgebaut. Ein Diodenlaser pumpte seine Strahlung in eine ZBLAN-Faser. Dort sollten Elektronen höhere Bahnen („Ebenen") einnehmen. Durch die Unterbrechung der Einstrahlung sprangen die Elektronen auf ihre Grundebenen zurück und strahlten dabei eine große Energie ab. Die Theorie sah vor, dass die Pumpenergie einer einzigen Diode ausreichen sollte und dass die Freisetzung der Energie beim Rücksprung der Elektronen abrupt erfolgen sollte. Soweit die Grundannahmen. Nur leider geschah dies nicht. Der Aufbau musste von mir immer wieder neu justiert werden. Für die konkrete Messung verstellte ich per Hand verschiedene Paramater schrittweise sehr fein. Diese Tätigkeit hatte ich nun über Monate ausdauernd und präzise vorgenommen. Doch einen Impuls konnte ich nicht beobachten. Im Wesentlichen stellte sich nur ein Grundrauschen ein. Und in bestimmten Bereichen schien es mir manchmal, als ob ich das Rauschen in geringer Art überschritten wurde. Aber der gesuchte Effekt trat nicht auf. Berechnungen hatten in mir den Gedanken erzeugt, dass erst durch die Verwendung von zwei Pumpdioden der Effekt erzeugt werden könnte. Doch dies widersprach wesentlichen Annahmen der Theorie, die grundlegend akzeptiert war. Die Forschungsleitung nahm meine Einwände und Anregung nicht auf. Ich stand zunehmend unter Zeitdruck, da die Finanzierung meiner Arbeit zeitlich sehr begrenzt war

Im späten November war ich allein im Haus; die Vorgesetzten waren für eine Woche zu einer Tagung verreist. Bereits in den Wochen vorher hatte ich einen Plan für einen veränderten Messaufbau entwickelt. Auch hatte ich dies mit den Fachleuten aus der technischen Werkstatt präzise erörtert und abgesprochen. Die Verständigung war sehr kooperativ und lebendig. Wir sprachen die gleiche Sprache und meine Ideen leuchteten ein. Ich benötigte einen metallischen Halter für zwei Dioden. Eine zweite Pumpdiode hatte ich auch vorher besorgt. Die Kosten lagen im vierstelligen Bereich. Gleich am Montag erhielt ich die Apparaturen. Bereits am Tag danach – ein Dienstag – erhielt ich die gewünschte Apparatur. Ich baute den Versuchsaufbau um und konnte bereits am Dienstag die Justierung abschließen. Am Mittwoch nahm ich die Messuntersuchungen auf. Bereits nach gut vier Stunden konnte ich den ersten Impuls messen und die zugehörigen Daten aufnehmen. Es ging darum, die Güte der Schaltimpulse näher zu bestimmen. Nach der ersten Messung suchte ich einen Laborleiter aus einer anderen Abteilung auf und zeigte ihm meine Ergebnisse, um so eine relevante Person in die Erfolge einzuweisen. Ich nahm am Nachmittag bis in die Abendstunden eine Messung nach der anderen auf. Am Donnerstag konnte insgesamt über 200 Impulsvorgänge erfassen und dokumentieren. Ich trug die zugehörigen Daten in ein Labortagebuch ein. Spät am Abend trank ich in einem Lokal mit einer Freundin noch größere Mengen an Wein. Am nächsten Tag hatte ich einen schweren Kopf und konnte mich nur schlecht konzentrieren. Dennoch besuchte ich wieder das Labor. Da ich zu müde war, um weitere Messungen sensibel vornehmen zu können, entschloss ich mich, alle bisherigen Messdaten zu protokollieren und speziell auch die Messkurven abzuspeichern. Am späten Nachmittag entschloss ich mich dann aus einer Eingebung heraus spontan, den gesamten Datensatz zusätzlich in einem weiteren Speicher abzulegen. Diesen hatte ich mir Tage vorher besorgt und nahm ihn entgegen meiner üblichen Routine am Abend instinktiv mit nach Hause.

Dort wurde ich krank. Ich hatte eine fiebrige Kopfgrippe und blieb für eine Woche im Bett.

Als ich wieder zum Labor kam, war dieses zu meiner Überraschung ausgeräumt. In der Woche meiner Abwesenheit hatte es einen Wassereinbruch gegeben, der das gesamte Labor überflutet hatte. Das gesamte Equipment war zerstört. Die internen Laborspeicher waren nicht auslesbar und der gesamte Versuchsaufbau ruiniert und inzwischen abmontiert. Es würde, so wurde mir verdeutlicht, Monate dauern, bis der Aufbau wieder funktionieren würde. Erst dann könnte ich die Messung wieder aufnehmen.

Ich erwiderte, dass ich bereits alle Messdaten hätte und diese auch sicher abgespeichert hätte. Meine Modifikation des Messaufbaus verdeutlichte ich und legte verschiedene Daten als Beleg vor. Nach einem Hin- und-Her einigten wir uns darauf, dass ich einen Bericht erstellen sollte. Dieser würde geprüft werden. Die Leitung würde diesen bewerten und mir mitteilen, ob die Ergebnisse ausreichen würden.

Ich ging davon aus, dass meine Einschätzung und die gewonnenen Daten in einer zusätzlichen Untersuchung überprüft würden. Nach gut drei Monaten reichte ich den Bericht mit den Messdaten, den ermittelten Kurvenverläufen und meinen umfangreichen Berechnungen und Erläuterungen ein. Es dauerte gut acht Monate, bis ich die Beurteilung erhielt. Die Arbeit wurde als vollkommen ausreichend angesehen und mit gut bis sehr gut akzeptiert.

Frida & Arne

Bei der Ausleihe der Bibliothek erkannten eine Frau und ich, dass wir unsere Regenjacken vergessen hatten. In zwei Plastiktüten von mir verstauten wir die Bücher. »Danke! Ich bin Frida.« »Ich bin Arne.« Eine echte Begegnung seit sehr langer Zeit.
Sie gab mir ihre E-Mail-Adresse: »Melde Dich.«
Wir gestalteten dann Video-Konferenzen ohne Masken. So sah ich auch ihr apartes Gesicht. Wir erzählten von Gott, der Welt und den Menschen. Ich fand sie sympathisch.

Auch trafen wir uns zum Tanzen zu Jazzmusik in einem Park-Café. Frida umarmte mich.

»Was ist Liebe?«
»Man trifft jemanden. Man denkt an ihn und ist unruhig. Frau auch. Es vibriert und flattert in einem.«
»Wo findet man einen Anker im Leben?«
»Suchst Du Gott?«

Frida schrieb mir, sie würde ans Meer fahren. Ich könnte sie besuchen. Ein Gedicht war beigefügt:

Gebet

Mein Herz pocht

Ich sortiere das Leere
Und suche Stille

Steige bis zur Wand
Sehe Dich

Undurchdringlich das Glas
Ich falle

Beim Schwimmen im Meer fiel mir ein Zeichen an ihrem Nacken auf: Q†T.
»Ist dies aus einem Gefängnis?«
»Nein«, sagte sie später: »Ein Gefängnisausbruch trifft es aber wohl. Q steht für Queer; T für Trans. Das Kreuz für Tod und neues Leben.«

Sie erwähnte ihren Seelen-Bruder.

»Wie heißt er?«

Wieder schaute sie stumm, bevor sie unerwartet sagte: »Erst Fritz und nun … Frida.«

Nun war ich überrascht und schaute bloß – bis es mir entfuhr: »Du bist wunderschön.«

Sie weinte und lachte zugleich. Wir umarmten uns und liefen zum Meer.

Kirchentanz

In diesen Maskenzeiten besuchte ich ein Museum, um andere Gedanken finden zu können. Doch es war unerwartet geschlossen. Es nieselte, und ich flüchtete unter das Vordach einer Kirche.

Eine gleichaltrige Frau tat das Gleiche. Ob die Kirche offen wäre? Wir probierten es und lachten uns an: Sie war es! So besichtigten wir den Altar und die farbigen Gläser.

Nah zur Kanzel setzte wir uns auf eine Bank und teilten Kekse. Dabei bewunderten wir große Sonnenblumen, die den Kirchraum schmückten.

Wohl aus einer Laune heraus tanzten wir um die Blumen am Altar einen Reigen. Unsere Schritte waren behutsam und schwebend. Wir bewegten uns federleicht durch die Kirche. Eine Stille erfüllte den Raum und uns. Ein Gewebe, das unser Miteinandersein umfasste und verband. Unsere Körper bewegten sich geschmeidig ohne Widerstände.
Wir wurden getanzt.
Eine sakrale Stimmung entstand, die wir so noch nie in einer Kirche erlebt hatten.

Wir selbst waren uns unbekannt und doch im Tanzen nah.

Später machten wir von dem Ort und den Blumen einige Fotos.
›Ob das erlaubt ist?‹ Diese Frage bedachten wir zur gleichen Zeit.
Doch eine Antwort hatten wir nicht.

Abschließend wagten wir noch einige Tangoschritte und verneigten uns.

Seltsam beglückt und erfüllt verließen wir die Kirche, schlenderten durch die Straßen und besuchten noch ein Café. Im zugehörigen Vorhof bewunderten wir Kunstgebilde aus Holz und Keramik zu dem Motto: ›Die Ewigkeit im Augenblick‹.

Einzigartig blieb diese besondere Begegnung.

Liebeserklärung im Netz

»Ich habe mich verliebt ... « Dieser Satz(-anfang) blieb mir hängen. Doch das Gespräch war abgebrochen. Die Leitungen, der Server, die Betriebssysteme ... was auch immer ... waren in diesen Zeiten überfordert.

Was für ein ungewöhnlicher Satz von ihr, mit der ich hauptsächlich über formale Beweisstrukturen diskutierte. Wen meinte sie? Mich? Vielleicht waren es gerade unsere Gespräche am Rand der Videokonferenzen, die eine Nähe ausgelöst haben. Eine Regression? Was empfinde ich? Ich war es, der so emphatisch auf ein Foto von ihr aus der Studienzeit reagiert hatte. Zufällig sah ich es; sie wollte es wegwerfen. Ich war überwältigt von ihrer Schönheit. Dies sagte ich ihr auch. Sie wollte es nicht begreifen; und schenkte mir doch das Bild.

Jedoch, kenne ich sie? Und was bedeutet dies schon für die Liebe?

Ich wollte ihr eine Kurznachricht wohl mit einer Bitte um Aufklärung schreiben.
Dabei fand ich eine Nachricht von ihr, die ich bisher nicht gesehen hatte:

weltfäden

farbige fäden
auch unsichtbare

ich sehe das grün der wiesen
die gelben weizenfelder

bläulich wie tau und regen
violette gewitter

fäden so lange
filigrane
lebenskreise
seltsam vage
verbindungen
leise stimmen

glieder und muster
undurchschaubare
netze sind die welt

welt schwebt in netzen
ewige knoten
die uns verbinden

gelöste knoten
zerfasertes

sehe viele jahre und orte
sehe den stein der zeiten
sehe dein gesicht #

Ich schwieg und schrieb dann später: »Können wir uns treffen? Am Abend?«
Sie antwortete: »Um 19 Uhr? - Real oder im Netz?«

Schmetterlinge

Nachts werde ich wach zu ungewöhnlichen Zeiten. Ich erinnere Traumbilder von Meereswellen am Strand und von Weizenfeldern, die im Wind schwingen. Ich sehe ein Wollknäuel. Bunte, in sich verdrehte Fäden werden sichtbar. Töne spielen mit ihnen. Ein schwarzes Klavier blättert sich auf wie ein Buch.

Die Träume verstehe ich nicht. In ihnen tauchen keine Menschen auf. Das passt zu meinen Träumen in diesen Corona-Zeiten. Doch dann fallen mir Namen von Menschen ein, deren Spiele mir nie klar wurden.

Das Selbstverständliche ist nicht mehr selbstverständlich. Ich stehe auf und wandere im Haus umher. Alle Räume und Gegenstände sind da. Das beruhigt mich. Ich erinnere Geschichten: Ikarus, auch Odysseus und Ödipus, Mose. Auch Kain und Abel.

Wer fragt mit welchem Recht? Wer darf antworten? Wer ist der Hüter der Welt? »Ich aber sage euch …«

Ich notiere mir ein Gebet und schlafe wieder ein.

Nachts zwischen den Lichtern der Sterne
Bete ich in einsamen Stunden
An Einen, an den ich kaum glaube
Klage, weine, möchte gesunden
Es pocht mein kleines Herz
Und seh dein rotes Herz
Grüne Lippen schmecken unsren Schmerz
Verirrt wie kleine Kinder im Wald
Suchen wir im Leben etwas Halt
Das helle Blut unsrer Herzen schweigt
Ich bete für uns und Dich
Und ringe mit meinem ICH
Bete wieder allein
Ach, mein Gefühl zum Sein

Später lese ich meine Zeilen und wundere mich. Ich rufe bei Dir an. Deine Stimme beruhigt mich. Im Garten sehe ich Schmetterlinge und male Regenbögen.

Spesenabrechnungen

Emmy war konzentriert und doch zugleich auch flüchtig und unruhig. Hübsch war sie wie immer; reizvoll. Sagte mein Eindruck mehr über mich als über sie? Nun gut: „Ich bringe also Ella gegen 6.30 Uhr zur Kinderkrippe, und fahre dann gleich zum Seminar. Du kommst am Abend gegen 17 Uhr und holst sie wieder ab." „Ja, das ist so okay. Nun muss ich aber los." So trennten wir uns.

Am nächsten Tag lief auch alles wie geplant ab. Um 17.30 Uhr erhielt ich jedoch im Zug einen Anruf von Riga, der Leiterin der Kindergruppe. „Ella ist noch hier!" „Hat sich Emmy nicht gemeldet?" „Nein, gar nicht." „Oh. Ich kann um 19 Uhr da sein. Geht das so?" „Ja. Kannst Du sie bei mir abholen?" „Klar, mache ich. Bis dann." Um 19.20 Uhr holte ich Ella ab. „Wo ist Emmy?" „Keine Ahnung. An sich ist sie verlässlich."

Gegen 21 Uhr fand ich, nachdem ich Ella ins Bett gebracht hatte, im Schlafzimmer einen Zettel von Emmy: ‚Es tut mir leid. Ich benötige eine Auszeit. Ich fahre ans Meer zu einem Kloster. Ich muss mich besinnen. Ich rufe dich an. Die Welt ist seltsam. Bitte verzeih. Sei umarmt. Auch Ella. Deine E.'

Was sollte ich davon halten? Das war alles ungewöhnlich und passte nicht zu Emmy.

Einige Tage später gab es eine Mitteilung auf dem Anrufbeantworter: „Es wird noch dauern. Macht Euch bitte keine Sorgen. Danke für Eure Geduld." Jedoch, sie ist nicht gekommen.

Auf eigene Faust begann ich, Emmy zu suchen. Hierzu erkundete ich Kloster am bzw. in Nähe zum Meer. Sieben Häuser fand ich. Doch alle Anrufe waren ergebnislos. Ich bekam einen Tipp. An der Nordseeküste wäre eine Außenstation eines Klosters, die offiziell nicht verzeichnet sei. Mein Anruf dort blieb merkwürdig. Die Leiterin verneinte eine Anwesenheit von Emmy. Doch am gleichen Abend erhielt ich einen Anruf aus dem Haus. „Ja, eine Frau war hier, die Ihrer Beschreibung gleicht. Hier liegt ein Brief. Auf dem Umschlag steht: ‚Für N'." Und so fuhr ich noch in der Nacht zur Klosteraußenstelle. Sie, also Emmy, so die Darlegungen, war ganz nett und höflich. Sie suchte etwas, das den Bewohnern nicht klar wurde. Sie war auch unruhig, aber problemlos ansprechbar. Doch dann fuhr sie wieder. Der Brief enthielt für mich zwei Zettel. Einmal eine kurze gedichtähnliche Erörterung:

Gebunden an diese Welt
Durch Nils und Ella
Mein Ein-und-Alles
Doch im Herzen ruft mich ein Gott
Ich bin unruhig, gar verwirrt
Es tut mir leid
Ich muss mich entschuldigen
Ich vermisse euch

Auf dem zweiten Zettel stand: ‚Nils, das ist nur für dich. Es ist nicht offiziell und nicht für die Polizei. Bitte melde mich dort als vermisst. Ich sende Dir in einigen Tagen Informationen. Habe bitte Vertrauen. Die Hintergründe sind kompliziert.'

Im Ort erzählte mir bei einer Tankstelle ein Mann, dass eine Frau, die einem Foto von Emmy entsprechen würde, mit einer anderen Frau in einem bläulichen Pkw weggefahren wäre.
Mehr konnte ich nicht ergründen.

Der Polizei habe ich dann gemeldet, dass Emmy verschwunden wäre. Von meiner Suche berichtete ich. Es schien mir eine banale Routine für die Beamten zu sein.

In der Woche darauf erhielt ich zwei Briefe. In einem befand sich eine 24stellige Abfolge von Ziffern, Sonderzeichen und Buchstaben. Tage später erhielt ich eine Kontokarte auf meinem Namen von einer mir unbekannten asiatischen Bank.

Und nun kam es doch noch zu einer längeren Verständigung mit den Polizeibeamten. Sie interessierten sich für das Tun von Emmy an ihrem Arbeitsplatz und ob sie vertiefte Computer- und IT-Kenntnisse besitzen würde. Ich konnte dazu kaum etwas sagen.

Aus der von ihrem Vater gegründeten Firma, in der Emmy gearbeitet hatte, erfuhr ich, dass eine Prüfanfrage vom Finanzamt vorlag, die Emmys Tätigkeitsbereich berühren würde. Vermutet wurde, dass Einnahmen intern neu deklariert und der Steuer entzogen wurden. Ausgangspunkt der Betrachtungen des Finanzamtes waren Buchungsanomalien. Es tritt zum Beispiel bei einer Rechnung in Höhe von 18,5 Euro eine Steuer von 1,295 Euro bei 7 % auf. Dem Kunden werden 1,30 Euro in Rechnung gestellt. Dem Finanzamt werden nur 1,29 € zugewiesen. In einem Restaurantbereich werden im Jahr ca. 18 Mio. Euro umgesetzt. Dies ergibt eine ‚Spesensumme' in Höhe von gut 800 Euro im Monat, die nicht deklariert werden. Und dies war wohl nur ein Teil der Geschichte. Eine Prüfgesellschaft sollte die Steuersoftware überprüfen. Doch es gelang nicht, den Quellcode zu öffnen. Für die Offenlegung der Algorithmen war ein Passwort notwendig, das aber keiner kannte. Die Prüfungen scheiterten, da die Software insgesamt von einer Metasoftware kontrolliert wurde. Welche Rolle spielte Emmy hierbei?

Emmy sendete mir auf einem nicht einsehbaren Tor-Weg eine E-Mail, die neben einer kurzen Notiz nur einen verschlüsselten Anhang enthielt. Die Ziffernfolge war, wie sich herausstellte, das notwendige Schlüsselwort.

Emmy berichtete mir, dass in der Firma Unregelmäßigkeiten bei den Zahlungsabwicklungen und bei der Weitergabe von sicherheitsrelevanten Daten aufgetreten wären. Zur Kontrolle der Prozesse hätte sie eine KI-orientierte Sicherung eingebaut. Sie spielt, so ihr Eindruck, jedoch ein eigenes Spiel mit ihr und mit den Menschen. Keiner versteht die Abläufe noch und kennt die Möglichkeiten zur Beeinflussung. In der Verständigung meinte die KI einmal lapidar zu ihr: „Manche Lügen sind lässlich; manche gar notwendig."

Emmy wurden Datenspuren sichtbar, die sie in Vorgänge verwickelten, die von krimineller Natur sind.

Anonym erhielt sie den Vorschlag, sich für einen größeren Betrag aus den Gegebenheiten zu entfernen.

Und dann erhielt ich noch einen Beleg zu dem neuen Konto, das mir zugeschrieben wurde, über 3,4 Mio. €.

Im Betreff stand: ‚Erbe - steuerfrei'. Wer hatte dies verursacht? Und mit welcher Erwartung?

Wir haben uns dann dazu entschlossen, ins Ausland zu gehen. Den Betrag auf dem Konto hatte ich umgebucht. In einer Nacht-und-Nebel-Aktion verließen wir unseren Wohnort.

Die Vorgänge konnten von uns nicht weiter aufgeklärt werden.

Zwillingsschwestern

Es war ein typischer Novembersonntag. Grauer Dunst durchzog die Straßen und so war auch meine Stimmung. Wir trafen uns um 15 Uhr zum Dartspiel in unserer Stammkneipe. Aber um 17 Uhr ging ich schon wieder. „Tschau Emmy", klang es noch in meinem Ohr, bevor ich mich auf den Weg machte. Gut zehn Minuten später war ich wieder in der Wohnung, die ich mit meiner Zwillingsschwester Cara seit drei Jahren teile. Jeder hat seinen Wohnflügel. Wir kennen uns seit fast 67 Jahren. Nach dem Tod ihres Mannes sind wir zusammengezogen. Inzwischen ist sie im Ruhestand, und ich beziehe eine kleine Rente über eine Lebensversicherung. Cara war lange Zeit in Brüssel als Beamtin im nachrichtentechnischen Bereich tätig. Ich dagegen hatte den familiären Blumenladen fortgeführt, den ich vor Jahren aus finanziellen Gründen aufgeben habe.

Ich traf Cara in der Küche. Sie wollte in die Badewanne. Ich dagegen legte mich zum Ausruhen aufs Sofa. Nach gut einer Stunde kochte ich Tee und brachte Cara eine Tasse. Sie lag tot im Wasser der Wanne. Ich schaute ungläubig. Cara hatte wohl einen Schlaganfall bekommen und war ertrunken. Zumindest war dies mein Gedanke. Das Wasser war noch warm. Einen Arzt zurufen schien mir nicht angebracht zu sein. Ihr Tod war unabänderlich.

Cara und ich hatten prinzipiell über eine solche Situation schon gesprochen. Ich nahm mit Klebeband Abzüge von ihren Fingern, band mir ein Kopftuch um den Kopf und suchte eine schwarze Brille. Leicht verwandelt verließ ich die Wohnung. Vor dem Weggehen füllte ich heißes Wasser in die Wanne und legte Cara zurück. Ich ging durchs Viertel und kaufte bei einer Tankstelle eine Wochenendzeitung und Rotwein. Zügig kehrte ich zurück. Ich legte in der Küche die Zeitung zurecht und suchte im Feuilleton einen interessanten Artikel raus. Auch schenkte ich in zwei Gläser Rotwein ein. Dann ging ich ins Bad und ließ ein Glas mit Wein fallen. Dazu legte ich das Zeitungsblatt auf den Boden. Ich hob Cara aus dem Wasser und ließ sie wieder zurückgleiten.

Nun rief ich den Rettungsdienst an. Nach etwa 15 Minuten kam ein Wagen mit einem Arzt. Er stellte den Tod von Emmy – gemäß meiner Darlegung – fest und bestätigte meine Vermutung, die ich beiläufig äußerte, dass es zum Ertrinken nach einem Schwäche- oder Schlaganfall gekommen sei.

Ich bemerkte, dass ich gerade erst zurückgekommen sei. Auch erwähnte ich, dass Emmy noch am Nachmittag erkältet bei einem Dartspiel gewesen wäre. Der Arzt hatte keine Zweifel und stellt den vorläufigen Totenschein aus.

Bereits am Montag ging ich zu einem mir bekannten Bestatter. Hier trat ich als Cara auf und verwies auf den letzten Wunsch von Emmy, in einer Urne beerdigt zu werden. So wurde drei Tage später, nachdem recht zügig die Sterbeurkunde vorlag, eine Feuerbestattung vorgenommen. Die Urne wurde mir auf meinen Wunsch für eine Waldbeerdigung ausgehändigt.

Eine Annonce gab ich auf. Meinem alten Freundeskreis schickte ich eine Mitteilung zu Ihrem unerwarteten Tod. Sie hätte sich bereits an dem Sonntagnachmittag nicht so wohl gefühlt. Von Rückfragen bat ich weitgehend abzusehen. Die stille Beerdigung wäre der Wunsch von Emmy gewesen, und ich wäre so betroffen, dass ich derzeit keinen Besuch empfangen wolle.

Alle Angelegenheiten von Cara ließ ich unverändert. Emmy meldet ich bei den Ämtern und Banken sorgfältig ab. Ich war nun Cara. Wir waren echte eineiige Zwillinge.

Einige Jahre später traf ich in einem Café einen Bekannten von Cara aus alter Zeit. Sein früheres Interesse wurde von ihr jedoch nicht erwidert. Plötzlich meinte er: „Du, ich dachte immer, Du hättest einen Storchenbiss auf dem rechten Augenlid." „Ja, die Erinnerungen. Es gibt manches, dass unerklärbar ist zwischen Erde und Himmel." Wir blieben in Kontakt. Ich fand ihn schon damals attraktiv.

Katzen, Schnecken, Muscheln und das Leben

Ein zaghaftes Quietschen ertönte im feuchten Garten. Bei einer Laterne fanden wir eine verschüchterte Katze, die etwa vier Wochen alt war. Sie lag unter Büschen, war leicht unterkühlt, neugierig, lebendig und hübsch: Ihr Fell war braun-weiß gefleckt. Ob sie jemand vermisste? Sollten wir sie in ein Tierheim geben? Ihre Herkunft blieb uns unbekannt. Meine Frau mochte sie. Ich selbst blieb reserviert. – Wir tauschten unsere Einschätzungen aus: Katzen und Hunde gehören auf einen Hof, aber nicht in die urbane Welt. Mit Tieren geht eine Verpflichtung einher; sie sind ja kein Spielzeug. Würde die Katze zu uns passen? Sie könnte auf unserem Grundstück Mäuse jagen. Wie haben viele Aufgaben zu lösen; die Katze wäre ein weiteres Problem. Wie sollen wir im Urlaub mit ihr umgehen? Ist sie vielleicht sogar nützlich im Rahmen der Kindererziehung? – Mit diesen Fragen eröffnete sich bei uns ein Nachdenken und bei jedem ein inneres Ringen, das von vielfältigen Empfindungen und Gefühlen begleitet wurde. „Wie heißt sie?" Diese Frage der Kinder am nächsten Tag führte zu einem Gespräch und entschied das Schicksal der Katze. „Katzli?" / „Nein, nein. Nennen wir sie … Okay, Katzli als Arbeitstitel." / „Einen Titel?" / „Ein Arbeitsname." / „Sie muss arbeiten?" „Oh, die ist ja süß." „Bleibt sie bei uns? Bitte, bitte." / „Vielleicht." / „Ich hole mal zwei Schälchen, Futter und einen Karton mit einer Decke." / „Aber es ist noch nichts entschieden. Und selbst wenn, wir müssten einen Korb holen." / „Dann einen Korb mit einer Decke." / „Aber …" – Sie blieb bei uns und wurde Katzli genannt. „Sie muss getauft werden!" / „Muss?" / „Schiffe werden auch getauft." / „Nun, dann besorgt etwas Wasser."

Katzli lebte sich ein, eroberte den Garten, fing Mäuse und war sofort der Freund der Kinder. Für fremde Menschen war Katzli eine besondere Attraktion. Sie war neugierig und spielte mit den Kindern, sofern diese ihre Grenzen beachteten.

„Warum sagt die Katze ›Miau‹?" / „Das ist ihre Äußerung zur Welt." / „Kann sie auch andere Wörter?" / „Das ist ja kein Wort. Das ist nur ein Laut." / „Kann sie auch andere Laute lernen?" / „Sie kann auch andere Laute von sich geben. Sie schnurrt auch. Die Laute werden auch unterschiedlich betont. Die Betonung macht dann quasi die Melodie aus. Das nutzen wir Menschen auch. Aber es ist keine Sprache." / „Ist sie dafür zu dumm?" / „Nein, das trifft es nicht so ganz richtig. Es ist ihr nicht so gegeben." / „Aber wir Menschen können doch reden. Und Vögel auch singen." / „Ja, das stimmt. Das ist schon wundersam."

Manche Maus versteckte sie für schlechtere Zeiten hinter Schränken, manche legte sie vor die Haustür. Einige lebende Mäuse brachte sie in all den Jahren ins Wohnzimmer oder auch ins Schlafzimmer. Einmal legte sie einen toten Hasen, der viel größer als sie selbst war, auf die Terrasse. Und dies führte zu Diskussionen zum Tun der Katze. „Wo ist sie überhaupt in der Nacht?" Diese Frage konnten wir nicht beantworten. „Gibt es überhaupt in der Dunkelheit ein Leben?" „Wenn wir Licht anmachen, dann ist es ja nicht mehr dunkel. Wie ist das so zwischen zwei und vier Uhr in der Nacht?" Wir bedachten ein Experiment. Da Schnecken die Blumen und besonders die Rosen befielen, überlegten wird uns eine Fangmethode. Dazu stellen wir in den Abendstunden kleine Gefäße mit Spülmittel, Kartoffelwasser, Schnaps, Bier, Öl usw. aus. Am nächsten Morgen fanden wir die Schnecken ertrunken im Bier und besonders in den Hefebierbechern. Meiner Frau gefiel dies, da so die Rosen geschützt wurden. In weiteren Nächten spezialisierten wird uns auf Hefebiersorten und konnten zum Teil über dreißig Schnecken in einer Nacht fangen. Jedoch, sie waren alle tot. Bei aller Freude über unsere Erfolge ergab sich die Frage nach der Berechtigung unseres Tuns. Zwar hatten wir erkannt, dass in der Nacht im Garten tatsächlich Tiere leben, aber unser Gewissen meldete sich – und zwar bei den Kindern heftig. Auch meine Frau war sich bei aller Freude nicht mehr so sicher.

Im Jahr darauf fuhren wir im Sommer ans Wattenmeer und entdeckten das Muschelballett. Springt man auf den Wattboden, dann werden Muscheln freigelegt. Diese graben sich nach sehr kurzer Zeit wieder in den Meeresboden ein.

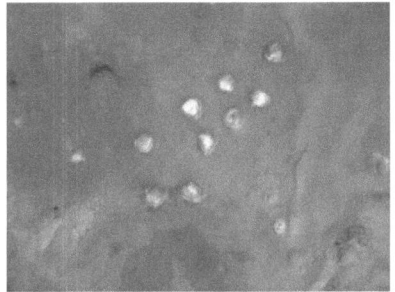 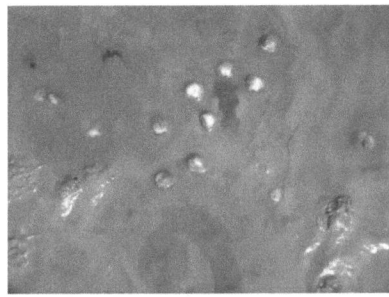

Nur, wieso wissen die Muscheln davon, dass sie freigelegt wurden? Und warum können sie sich in den Boden eingraben? Tatsächlich existiert in der Muschel ein Muskel, der gegenüber zu einem Sonnenlichtsensor platziert und über eine Signalleitung mit dem Sensor verbunden ist. Man spricht auch von einer Strickleiterverbindung, die früheste uns bekannte neuronale Struktur. Das Sonnenlicht fällt in den Sensor und der Muskel wird aktiviert. Innerhalb von wenigen Minuten gräbt sich die Muschel wieder in den nassen Sandboden und verhindert ihr Austrocknen im Licht. Da dies die Muscheln unabhängig voneinander zugleich machen, spricht man von einem Muschelballett. Für uns und die Kinder war dies ein eindrucksvolles Geschehen. Und so sprachen wir auch zum ersten Mal bewusst über die Bedeutung von neuronalen Signalverarbeitungssystemen für das Leben. „Wie bilden sich diese Muskeln und Sensoren? Gibt es da einen Bauplan?" „Was sind Systeme?" / „Kinder, das sind schwierige Fragen. Wir wissen, dass sich diese Gegebenheiten in der Naturentwicklung herausbildet haben. Sie sind das Ergebnis evolutionärer Vorgänge, die auf zufälligen Prozessen beruhen." / „Zufällig? Es hätte auch anders kommen können?" / „Ja, das ist in etwa so die Meinung. Es überlebt das, was das Überleben verbessert." / „Das wurde also nicht vorher geplant?" / „Die Wissenschaft, also die Evolutionslehre spricht davon, dass der, der für eine Nische am besten geeignet ist, dort auch überlebt." / „Das ist dann der Beste?" / „Ja, für diese Lebensnische." / „Aber diese Nerven wurden doch von allen Lebewesen genutzt." / „Das ist in der Tat eine übergeordnete Fähigkeit, die sich erfolgreich herausgebildet hat." / „Hat Gott das so geplant?" / „Von Gott würden die Evolutionsanhänger nicht sprechen. Es gibt jedoch Leute, die nach übergeordneten bzw. hintergründigen Wirkmechanismen suchen." / „Ursachen, die nicht zufällig sind?" / „Ja, als ob

Mechanismen existieren, die zu höheren Entwicklungen führen. Vielleicht auch nur in dem Sinne, dass es überhaupt solche Kräfte geben kann. Doch das führt zu komplizierten Diskussionen."

Fuhren wir an Wochenenden oder zum Urlaub alle weg, ergab sich das Problem, dass Katzli im Haus versorgt werden musste. Nachbarn und Freunde übernahmen oft mit einer gewissen Begeisterung, gerade wenn sie selbst Kinder hatten, diese Aufgabe. Hierzu stellten wir Futter zur Verfügung und gaben Verhaltensinstruktionen. Katzli reagierte empfindlich auf unser Wegfahren. Doch wir konnten sie nicht mitnehmen, da selbst kleinere Fahrten bei ihr zu einem erheblichen Stress führten. Kamen wir wieder zurück, war ihr Verhalten ambivalent. Sie nahm uns wahr und man merkte, dass sie sich freute. Doch zugleich zeigt sie uns ihre kalte Nase und ignorierte uns. Nach einem Tag war dann alles wieder eingespielt. Nach einem Urlaub hatte Katzli erheblich zugenommen. Es stellte sich heraus, dass sie an jedem Tag vier verschiedene Nachbarn besucht, ihr Leid der Vernachlässigung geklagt und sich zusätzlich hatte füttern lassen. Zu sehen ist, dass sie allein zum Frühstück etwa 100 g Fleischfutter erhält. Ein Mensch müsste vergleichbar 2,5 kg Fleisch zu sich nehmen.

Sie konnte sich bei uns frei bewegen und nutzte diese Möglichkeit. Oftmals blieb sie über Nacht fort und kam im Laufe des nächsten Tages zerzaust wieder zurück. Bei Spaziergängen in der Umgebung trafen wir sie manchmal in ferneren Wohngegenden. Sie begrüßte uns dann und verschwand wieder. Uns blieb es letztlich unverständlich, was sie wo genau machte. Kamen wir zu Fuß oder mit dem Pkw nach Hause, dann kam es oft vor, dass sie bereits 150 m vor unserer Rückkehr auf die Straße lief und uns erwartete, ja begrüßte. Es war für uns ein Wunder, dass sie uns hören und identifizieren konnte. Einmal war sie für gut zehn Tage verschwunden. Hatten wir sie verloren? An einem Nachmittag sah ich auf dem Weg zum Kaufmann in größerer Entfernung zu unserem Haus an einer Hecke zufällig kurz eine Katze, die mich an Katzli erinnerte. Ich besuchte die Häuser in der Umgebung. Tatsächlich fand ich sie bei einer Familie, zu der sie seit Tagen zum Futterholen kam. Wir hatten Glück, da die Familie beschlossen hatte, Katzli am nächsten Tag ins Tierheim geben zu wollen.

In einem Urlaub spielten wir in der Familie das Spiel: ‚Jeder sei ein Tier. Welches bist du und was machst du?' Die Kinder waren Löwen und Delphine. Ein Kind wollte eine Katze sein. Katzli war offensichtlich das Vorbild. Meine Frau wollte ein Eichhörnchen sein. Ich träumte mich in die Welt der Adler hinein. Die Erzählungen waren anregend und auch wundersam. Unsere inneren Welten wurden sichtbar und begegneten sich.

Katzli jagte auch Vögel im Garten, besonders Spatzen und Amseln. An einem Nachmittag lag sie schlafend unter einem Baum. Plötzlich sprang sie auf und tötete vollkommen unvermittelt eine Amsel. Diese ließ sie dann liegen. Es wirkte auf uns wie das ›spielerische‹ Ausleben einer Mordlust. Wir waren sehr überrascht von ihrem Verhalten. Sie verteidigte ihr Revier – und das war aus unserer Sicht unser Garten – gegenüber anderen Katzen. Zum Teil standen sich die Katzen nur wenige Meter entfernt gegenüber und fauchten sich laut an. Nicht immer gewann Katzli. Doch mit der Zeit konnte sie ihr Revier immer besser verteidigen. Eine schwere Niederlage erfuhr sie jedoch in der Auseinandersetzung mit Amseln, die bei uns im Car-Port ihre Brut aufzogen. Die Amseln beschimpften Katzli so sehr, dass sie sich unter einem Pkw versteckte. Erst Stunden später schlich sie mit eingezogenem Kopf zügig über einen Nebeneingang ins Haus. Sie hatte verloren. Insgesamt verstand sich Katzli, so unser Eindruck, als Mittelpunkt der Welt. Nach ihrem Verständnis versorgten wir sie; sie war die Königin. In vielerlei Hinsicht blieb sie schreckhaft. Wir konnten nur über ihre Erfahrungen in den ersten Lebenswochen spekulieren. Neugierig war sie und zutraulich. An einem Abend entdeckte sie, dass unterhalb eines Dachfensters das Car-Port-Dach lag. Diesen Weg nutze sie, um das Haus zu verlassen; aber auch, um es nach einiger Zeit wieder betreten zu können. Sie stürzte auf dem nassen Dach manchmal ab. Regelmäßig mussten wir aus ihrem Fell Zecken entfernen. Eine Prozedur, die ihr nicht behagte, die sie aber letztlich geduldig über sich ergehen ließ. Sie selbst putzte sich ausführlich bis zu jenem Tag, an dem sich alles änderte. Ich fand Katzli ausgesteckt auf dem Dachboden. Offensichtlich hatte sie gebrochen. Ich war erschüttert, aber auch vorsichtig. War sie tot? Nein, sie atmete schwach und langsam. Ansonsten regte sie sich nicht. Mit Flüssigkeiten päppelten wir sie wieder auf. Doch Katzli war nicht mehr die alte Katze. Sie zog beide Hinterbeine nach. Sie fraß kaum noch. Ein Tierarztbesuch ergab nur, dass sie wahrscheinlich eine Vergiftung oder aber einen Schlaganfall erlitten hatte. Eine Blutuntersuchung wies auf einen Lebertumor hin. Aber der Arzt sprach von einem Hirntumor. Das Sehen war nicht eingeschränkt. Doch nach einiger Zeit begann sie, sich immer wieder im Kreis zu drehen. Wir hatten den Verdacht, dass doch eine Sehbeeinträchtigung vorlag. Konnte sie nur noch mit einem Auge sehen? Lag eine Halbierung ihres Sehfeldes vor? Versuchte sie, diesen Orientierungsverlust mit ihren Drehbewegungen zu kompensieren? Suchte sie so nach sichtbaren Größen, die ihr bekannt vorkamen? Wir wurden zu ihrem Willen, da sie oft unschlüssig vor dem Futter, vor dem Fenster usw. stand. Uns wurde die Fremd- und zugleich Vertrautheit von Katzli immer bewusster. Früher war sie selbstbewusst und neugierig. Jetzt suchte sie unseren Kontakt und Schutz. Es kam zu einem langen Abschied. Ihr Leben und ihr Schicksal wurden für uns zum Sinnbild der Lebenszeit des einzelnen Menschen.

Ein Betriebsausflug und Luftlöcher

Seit einiger Zeit stellte die Firmenleitung mehr Geld für das Weihnachtsfest und für den jährlichen Betriebsausflug in der Sommerzeit zur Verfügung. Wohl war die Geschäftslage nicht mehr so angespannt wie in den Jahren vorher und zugleich wollte man die Firmenbindung der Mitarbeiter verbessern.
In diesem Sommer stand sogar ein beträchtlicher Betrag zur Verfügung. Und alle Mitarbeiterinnen und Mitarbeiter, es war zusammen ca. 35 Personen, wurden an der Planung beteiligt. Nach etlichen Gesprächen und Abstimmungen einigte man sich auf einen Ausflug zu einem Flugplatz und verband dies mit einem Fallschirmabsprung, der freiwillig war.

Ein Kollege nahm mich in seinem tiefergelegten Sportwagen mit. Wir fuhren gut 30 Kilometer zum Privatflugplatz zum Teil über Schotter- und Sandwege mit einer Geschwindigkeit von über 100 km/h.
Ich fragte mich, was der Kollege mir demonstrieren wollte. Heilfroh und durchgeschwitzt war ich, als wir das Ziel erreichten.

Es gab eine Wanderung durch ein Waldgebiet zu einem alten Schloss. Dort gab es nach einer Führung ein Mittagsessen. Gegen 15 Uhr erreichten wir dann den Flugplatz. Knapp die Hälfte der Kollegen, ich gehörte dazu, entschlossen sich, nicht zu springen.
Es startete nacheinander zwei kleinere Privatflieger jeweils mit einem Piloten und zwei bis drei erfahrenen Springern und zwei bis drei Kollegen. Die erfahrenen Springer sprangen dann im Tandem jeweils mit einem Kollegen ab.
Die Maschinen stiegen auf eine Höhe von gut 1000 m.

Wir, die wir am Boden blieben, beobachteten das Geschehen und halfen den Beteiligten ihre Fallschirme zu bergen.

Eine Maschine kam plötzlich zurück, ohne dass es zum Sprung gekommen war. Ein Vorgesetzter hatte kurz vor dem Absprung einen Panikanfall bekommen und musste zurückgebracht werden. Ansonsten sprangen nacheinander die Kollegen. Doch bei dem Kollegen, der mich im Auto mitgenommen hatte, geriet der Sprung außer Kontrolle, da sich der Schirm nicht öffnete. Gott sei Dank konnte der Reserveschirm geöffnet werden. Jedoch war die Flugsteuerung eingeschränkt. Der Abwurf endete weit außerhalb der vorgesehen Landstelle in einem Maisfeld.

Bei einem anderen Kollegen ergab sich kurze vor dem Boden plötzlich ein abruptes Absacken, so dass es zu einer recht harten Landung kam. Ein Luftloch, so wurde uns erklärt, hätte diese verursacht.

Nachdem alle ihre Sprünge abgeschlossen hatten, kamen wir noch zu einem Kaffeetrinken zusammen. Es war ein angenehmer Betriebsausflug.

Auf der Rückfahrt erfuhren wir im Radio, dass an diesem Nachmittag zwei Fallschirmspringer in der Umgebung bedingt durch unerwartete Luftlöcher abgestürzt und tödlich verunglückt waren.

Weihnachtsbäume, Putzfrauen und eine Leiter

„Thomas." Nach einigen Sekunden: „Thomas!" Ich ahnte, um was es gehen würde. Wir hatten den 19. Dezember und ein Weihnachtsbaum war bei uns nicht zu sehen. „Ja?" „Wo bist du?" Und diese Rückfrage klang wie: „Wo steckst du?" Cindy machte mir klar, dass es Zeit wäre, einen Baum zu holen. „Nimm die Kinder mit. Frische Luft tut ihnen gut." Nach einer längeren Anziehaktion gingen wir zu Martin; es waren nur 250 m. Martin verkauft Holz, Werkzeuge und zu Weihnachten Tannenbäume. Auch bietet er ganzjährig kleinere Imbisse und Getränke an. Den Kindern bestellte ich Kakao mit Pommes. Für Martin und mich Bier. Wir sprachen über die aktuellen Bäume, ihre Qualität, die Lieferanten und Preise und beim zweiten Bier über den Sinn von Weihnachten. Beim dritten Bier kamen wir zur Kultur, den Schulen und Erziehungsproblemen, zur Weltlage und zu Außerirdischen, zum Feminismus und zur Qualität der Bundeswehr. „Martin, ich muss mir die Bäume ansehen." „Mach hin. In einer halben Stunde ist hier alles zu." Mit den Kindern konnte ich fünf Bäume finden, die geeignet waren. Doch wir konnten uns nicht entscheiden; es ging hin und her. Demokratisch soll es zugehen: Die Kinder lernen es ja so. Martin reichte noch einen Schnaps. Der Kauf wurde verschoben; wir gingen ohne Baum. Cindy schaute nur. Ich erwähnte, dass die Entscheidung kompliziert wäre und legte mich klaglos schlafen.

Am nächsten Tag ging ich früh am Nachmittag zu Martin. Diesmal ohne die Kinder. Nach 15 Minuten hatte ich einen Baum gefunden. Stattlich, über 220 cm groß. Eine edle Tanne. Martin wickelte sie ein, und wir tranken noch ein Bier. Eine Uschi gesellte sich dazu, mit der ich über Kinder, Ehen und das Leben schlechthin ins Gespräch kam. Uschi erzählte mir von den Dramen mit ihren Putzfrauen. In gut zehn Jahren hatte sie nacheinander neun Putzfrauen immer nur für wenige Stunden in der Woche für ihren kleinen Betrieb eingestellt. Zuerst eine Frau, die sehr langsam war. Nach wenigen Terminen wurde die Arbeitsbeziehung einvernehmlich beendet. Die Putzfrau empfahl Barbara als Nachfolgerin. „Barbara war solide, gründlich, pünktlich, zuverlässig und schnell. Vollumfänglich befriedigend." Nach drei Jahren wurde sie krank: Rückenprobleme. Doch sie hatte keine Krankenversicherung. Aus Polen kam sie und lebte, wie sich herausstellte, ohne Arbeitserlaubnis in Deutschland. Barbara zog zu ihrem Freund nach Belgien, heiratete und erhielt so eine Versicherung. Die Behandlung war jedoch nicht erfolgreich. Ihre Spur verlor sich. Leider. Sie hatte noch ihre Schwester als Nachfolgerin empfohlen. Leider war diese nur halb so gut wie Barbara. Diese Beziehung endete unglücklich, da sie nach gut zwei Jahren unerwartet verschwand. Sie, die verheiratet war und zwei kleine Kinder hatte, floh vor ihrer Familie zusammen mit einem Geliebten, den keiner kannte, nach Algerien. Sie fühlte sich von der Familie gemobbt. Sie blieb verschollen. Leider hatte sie auch die Schlüssel der Betriebstüren von Uschi mitgenommen. Das wurde teuer. Inzwischen waren Uschi und ich beim dritten Bier und einer Erbsensuppe angelangt. Wir vertagten uns für den nächsten Tag um 17 Uhr wieder bei Martin. Leider vergaß ich den Baum. Von Cindys Blick möchte ich nicht berichten. Still legte ich mich schlafen.

Am Tag darauf fuhr ich mit meinem Sohn zum örtlichen Baumarkt, um eine Leiter zu kaufen, mit der ich den Weihnachtsbaumschmuck leichter anbringen könnte. Wir fanden eine 3 m lange Leiter, die wir diagonal ins Auto legten. Von links hinten über den Beifahrersitz bis zur Scheibe. Doch auch so wurde es knapp. Da an den Leiterenden Gummi angebracht war, ging ich davon aus, dass es möglich wäre, die Leiter zu pressen. Ich drückte die Heckklappe runter. Mein Sohn rief etwas. Ich schloss die Klappe und war zufrieden.

Dann fiel ein Satz, der alles veränderte: „Sie schaut vorne raus." Wie; vorne? Tatsächlich; die Leiter hatte die Windschutzscheibe verschoben. Ein Glasbruch lag vor. Ich wollte es nicht glauben. „Warum hast du nichts gesagt?" „Hab' ich doch!" Tja, hatte er. Mist. Wir trugen die Leiter auf unsere Schultern bedächtig durch den Schnee der Straßen. Diese Wanderung wurde von Autofahrern und Fußgängern aufmerksam beobachtet. In mir war eine demütige Stimmung. Nach gut 20 Minuten kamen wir zu Hause an. Ich holte den Pkw und brachte ihn zu einer Glasreparatur. Erst um 18 Uhr traf ich Uschi bei den Weihnachtsbäumen. Die Kinder waren wieder mit Pommes und Apfelsaft zufrieden. Uschi und ich tranken Wein. Es ging um die Windschutzscheibe. Trost war angebracht. Lachen konnten wir aber auch schon wieder und sprachen über die Putzfrauen. Die vierte Frau brach nach zwei Monaten die Arbeitsbeziehung ab. Es war ihr einfach zu anstrengend. Eine fünfte Putzfrau zeichnete sich dadurch aus, dass sie Rauschmittel nahm und sich während der Arbeitszeit ausschlafen musste. Auch roch sie öfters nach Rauchwaren und war eher ungewaschen. Die letzten 15 Minuten der Arbeitszeit gestaltete sie so, dass sie unbeteiligt an einem Fenster stand und schweigend in den Garten schaute. Einmal legte sie ihre nassen Winterschuhe auf einen Heizkörper in der Küche zum Trocknen und schlief am Kuchentisch ein. „Es dauerte gut drei Tage", so Uschi, „bis sich der Geruch aufgelöst hatte." Damit löste sich auch dieses Arbeitsverhältnis. Es dauerte, bis wieder eine neue Putzfrau gefunden war. Die war fast so gut wie Barbara. Zwar etwas langsamer, aber nett und gründlich. Nach etwa anderthalb Jahren sagte sie an einem Abend zu Uschi, dass sie sich im Spiegelglas nicht richtig sehen könnte. Auch hätte sie ein pelziges Gefühl im linken Arm. Uschi spekulierte über eine Erkältung. Doch eine Untersuchung offenbarte in den Tagen danach einen Tumor. Nach einem halben Jahr erreichte Uschi auf Umwegen die Information von der erfolgten Beerdigung. Danach versuchten sich drei weitere Putzfrauen. Eine war sehr unzuverlässig. Sie vergaß immer wieder die Termine. Eine war gut. Jedoch wurde sie schwanger, heiratete und verschwand von heute auf morgen. Es kam eine, die mehrere Jobs nebenbei hatte. Sie war aber immer wieder krank und meldete sich kurzfristig ab. Oftmals war sie nicht zu erreichen. Auch sie vergaß viele Termine. So endete dieses Arbeitsverhältnis irgendwann einfach so. Wir waren inzwischen beim vierten Wein. Uschi war sich unsicher, ob sie nicht einige Putzfrauen vergessen hätte. Die Kinder wurden unruhig; die Kleine weinte plötzlich. Ich musste das Gespräch mit Uschi abbrechen und eilte mit den Kindern nach Hause. Dort mied ich das Gespräch mit Cindy und legte mich schlafen. In der Nacht träumte ich von einem hohen Baum und einer gummierten Puppe auf der Spitze. Die Puppe hatte das Gesicht von Uschi. Ich wurde wach. Leider wurde mir klar, dass ich erneut den Baum vergessen hatte. So zog ich am nächsten Tag noch einmal zu Martin. Wir sprachen über verschiedene Kundentypen. Es war ein tiefsinniges und kluges Gespräch. Martin kannte sich mit dem Leben aus. Er stellte mir seine Weihnachtsbaumwerkzeuge vor. Äxte, Sägen usw. Ich rief bei Cindy an und teilte ihr mit, dass ich nun den Baum nach Hause bringen würde. „Alles okay?" Plötzlich war Uschi wieder da. Sie erzählte von einer Weihnachtsfeier in ihrem Betrieb, die turbulent ablief. Wir lachten und teilten uns eine Currywurst. Dazu gab es Glühwein. Mehrfach! Plötzlich mahnte mich eine Stimme, aufzubrechen und den Baum mitzunehmen. Ich verabredete mich mit Uschi noch für den 23. Sie wollte mir von einer Urlaubsreise erzählen. Tatsächlich zog ich mit dem Baum los. Jedoch war er bei der Ankunft im häuslichen Bereich nicht mehr da. Ich konnte es nicht glauben. Wo war er? Ich ging noch einmal zurück und fand ihn unterwegs. Er lag ramponiert am Straßenrand. Immerhin, er war da. Ich brachte ihn in den Keller und schlief sofort ein.

Am nächsten Tag wurde deutlich, dass der Baum nachgeschnitten werden musste. Wahrscheinlich waren Autos über ihn gefahren. Zumindest waren etliche Äste gebrochen. Leider reduzierte sich die Höhe des Baums durch das Schneiden auf 58 cm. Es war der kleinste Baum, den wir je hatten. Ich besuchte noch einmal Martin, um zu bezahlen. Selbstgemachten Schnaps hatte ich dabei. Im Sommer hatte ich Kräuterbonbons in Korn aufgelöst und Gewürze beigefügt. Er schmeckte wie Badezusatz. Wir tranken die Flasche zügig aus. Martin spendierte noch Apfelschnäpse. Uschi kam dazu und erzählte von ihren Reisen. Ich hatte das Gefühl, eine Dramatik zu erfassen, die der Problematik der Putzfrauen ebenbürtig war. Wir verabredeten uns für das neue Jahr bei Martin: „Spätestens im Dezember beim Kauf des neuen Weihnachtsbaums sehen wir uns. Frohe Festtage!" Der Abschied fiel mir schwer. Uschi gab mir noch ihre Handynummer und erhielt meine.

Zu Heiligabend schmückte ich den Baum sorgfältig. Die Kerzen und Holzfiguren positionierte ich präzise, das Lametta legte ich fadenweise und sorgfältig über die einzelnen Äste. Dennoch war ich mit dem Schmücken – ohne Leiter – schnell fertig. Der Baum stand im Wohnzimmer auf einem runden Tisch. Darunter legten wir die Geschenke. Cindy fand den Baum niedlich: Ich war erleichtert. Wir haben danach nur noch kleine Bäume gekauft. Dennoch war ich für die Käufe immer mehrere Tage unterwegs. Mit Martin und Uschi hatte ich das eine oder andere zu besprechen. Martin hatte weiterhin auch Bier, Glühwein, Currywurst und Suppe im Angebot. Die Putzfrauenproblematik bei Uschi entwickelte sich weiter. Der deutsche Gesetzgeber hat keine Ahnung, welche Dramen sich im Alltag abspielen. Auch die Probleme mit ihren Urlaubsreisen wurden mir vertrauter.

Am ersten Weihnachtstag erhielt ich erfreut von Uschi eine SMS. Eine Betriebstür könnte nicht abgeschlossen werden. Ob ich Rat wüsste? Cindy war mit den Kindern bei ihren Eltern. So fuhr ich zu Uschi. Eine untere Strebe im unteren Türbereich hatte sich verschoben, von daher gab es ein Problem, das schnell zu lösen war. Uschi war begeistert. Da ich nun schon da war, konnte ich auch das Licht im Wohnzimmer reparieren. Und so tranken wir noch einen Roten. Uschi zeigte mir ihren Betrieb. Und es war einfach lustig. Letztlich gab es noch einen Absacker. Als ich zurück war, hatte sie mir eine herzliche Dankes-SMS geschrieben. Auch dieser Tag fand sein Ende im Schlaf.

Rote Tasche

»Man muss sich lange eines Freundes annehmen, ehe er nach der Freundschaft verlangt, die man ihm schuldet.« [Saint-Exupéry, A. de. (*)]

In den frühen Tagesstunden begegnete er ihr auf dem Weg zur Arbeit. Sie war hübsch und strahlte ein apartes Selbstbewusstsein aus. Doch sie wirkte leicht verlegen. Aber sie schaute ihn an.

Er spielte Bauer d2-d4. Sie Springer g1-f3.

In unregelmäßigen Abständen kam es zu diesen Begegnungen, die nach einiger Zeit zu einem Nicken führten. Keiner kannte den anderen, weder Name noch Wohnort waren bekannt. Es gab nur diesen Blick. Sie war schwarz gekleidet und trug immer eine rote Tasche.
Im Übergang zum Sommer traf er sie in einer Bibliothek. Er suchte an einem Kaffeeautomaten nach Kleingeld. Sie bot an, ihm einen Kaffee auszugeben. Erst in diesem Moment erkannte er sie. Überrascht stotterte er irritiert: »Ja, vielen Dank.« Sie sprachen dann über ihre Lektüren. Er untersuchte soziale Prinzipen in ›archaischen‹ Gesellschaften. Sie arbeitete zur Verwandtschaftsbeziehung von Zahlen. Die Ähnlichkeit im Geflecht von Identität und Differenz in den verschiedenen Wissensbereichen wurde zum Thema.
»Es wirkt, als ob die Fragen in philosophischer Sicht ähnlich strukturiert sind.«
»So fragt die Philosophie. Aber eine Antwort? Vielleicht in der Lyrik.«
»Oder in Musik, Malerei und Bildhauerei?« »Oder in der Mathematik.«
Später merkte er, dass die Begegnung ihm mehr bedeutet hat, als er erwartet hatte. Er dachte an sie.

Sie positionierten ihre Springer und Läufer.

Einige Wochen später trafen sie sich in einer Bäckerei. Nun lud er Martha zum Getränk ein.

Gegen Ende August zog es ihn an einem Nachmittag zu einem Kirmesplatz. Seine Arbeit war leicht diffus; er konnte sich nicht gut konzentrieren. Er entschloss sich, mit einem Riesenrad zu fahren. Einer gondelartigen Kabine wurde er zugeordnet, in der er allein mit ihrer roten Tasche saß. Beide schauten sich verwundert an. Zugleich schien es ihnen selbstverständlich zu sein, sich hier zu dieser frühen Zeit zu treffen. »Ich muss auf andere Gedanken kommen.« Gemeinsam bewunderten sie den Ausblick auf die Stadt. Am Ende der Fahrt tauschten sie ihre E-Mail-Adressen aus.

Die Stellung der Türme wird bedacht.

Etwa drei Wochen später verabredeten sie sich zu einem Bistrobesuch in der Nähe einer S-Bahnstation. Als sie sich trafen, entschlossen sie sich, zum Hafen zu fahren und bei Fischbrötchen und Bier die Schiffe zu beobachten.

»Alles ist in Bewegung.« »Es wirkt planvoll. Doch wer hat den Plan bestimmt?«

»Das mag zu philosophischen Betrachtungen und Bestimmungen führen.«

»Die Hoffnung bleibt, dass sich ein Sinn ergibt.«

»Nur, was ist Hoffnung? Wo liegt der Unterschied zu Erwartungen und zu Illusionen?«

Bei der Rückfahrt nahmen sie aus Versehen die falsche Bahn. Sie fuhren in die verkehrte Richtung. Gleich bei der nächsten Station stiegen sie aus und mussten gut zwanzig Minuten warten. Sie lachten über ihr Missgeschick. Und dieses Lachen hörte gar nicht auf. Es war befreiend, und doch auch irritierend. »Was bindet Menschen?« »Die Schönheit der Gestalt, der Blick, Gesten?« »Das Gespräch? Themen, Argumente, Wörter? Die Gesprächsführung, oder besser die Gestaltung? Oder sind dies nur austauschbare Merkmale?«

»Sind nicht gerade die flüchtigen Momente wesentlich?«

»Ein Begehren treibt uns. Die Sehnsucht ist auch die nach einer Identifikation und einem Einklang mit der Welt, die uns mit unserem Leben versöhnen und Glück versprechen soll.« Sie ging das Gespräch hin und her.

Im Mittelspiel beginnt ein intensives Ringen um Figuren und Positionen.

Tage später lud sie ihn zu einer Fotoausstellung in der Stadt ein. Danach begleitete er sie zu Fuß zu ihrer Wohnung. Beim Gehen synchronisierten sich ihre Schritte. »Ist der Kern unseres Verständnisses die Selbstbestimmung im Sinne der Freiheit?« »Ja und Nein. Irgendwie leben wir in sozialen Geflechten, die bereits vorhanden sind. Doch besitzen wir tatsächlich die Möglichkeit, über uns zu reflektieren. Aufklärung und Abstraktion sind Aspekte der uns natürlich gegebenen Welt.« »Die Theorie als Teil der Praxis?«

Er wollte sich von ihr vor ihrer Wohnung verabschieden. Sie aber entschloss sich, ihn nun auch nach Hause zu begleiten. Beide lachten: »Das kann zu einer langen Pendelbewegung führen.«

Das Spiel selbst entfaltet fern der Theorien seine eigene Komplexität.
Tage später trafen sie sich zu einem Film, der am Meer spielte. Es wurde im Kontext der Frage nach Leben und Tod eine komplizierte Familienkon-

stellation behandelt. Sie war nach dem Film unruhig und erzählte von ihrem Bruder, der im frühen Jugendalter an Leukämie erkrankte und verstarb. Sie hatte die Hilflosigkeit, den Schmerz und die Trauer bei allen Beteiligten erlebt. »Das Leben ist schön, wunderbar und hängt doch oft am seidenen Faden. Es ist kurz, selbst wie ein Schachspiel. Doch entfaltet sich oftmals eine unbegreifliche Dramatik in der Zeit. Die ersten Züge entscheiden viel; doch im Spiel selbst gestaltet die jeweilige Fantasie und Aufmerksamkeit das Ergebnis. Klar ist aber auch, ein Spiel beginnt und findet irgendwann sein Ende. So oder so.« In der Straßenbahn, mit der sie fuhren, saßen zwei kleine Jungs. Sie unterhielten sich über ihre Mütter. Der eine sagte: »Meine Mutter heißt ›Mama‹.« Der andere Junge erwiderte nach einiger Zeit: »Meine auch!« Daraufhin schwiegen beide. Martha meinte: »Die Sprache und die Welt.« Sie sprachen dann von ihrer Verwandtschaft und erkannten, dass sie aus der gleichen Gegend kamen und am gleichen Tag geboren waren.

Tage später schrieb er ihr eine E-Mail: # Das Messer schnitt in meinen Daumen. Ich hatte es im Moment davor geahnt und doch nicht verhindert. Ich sah das Blut, spürte den Schmerz und war über mich verärgert. Ich denke an Dich. Eine Unruhe ergreift mich und eine merkwürdige Ungewissheit. Deine Schönheit, Deine Würde, Deine intellektuelle Qualität locken mich. Eine Sehnsucht pocht in mir und schaut aus den Kammern meiner Seele vorsichtig, aber auch frech und unbeirrt in die Welt. #

Martha antwortete:

Jan-Paul!

Nähe

Hinter der Stille alter Räume
Schlummert und pocht das Blut
Zweifel begleiten das Ewige

Uhren ticken
Wimpernschläge

Stimmen begehren
Wörter nennen das Fremde

Unerwartet klingeln Telefone #
Wer mehr sieht, erkennt bessere Möglichkeiten.

Telefonisch verabredeten sie sich in den Tagen danach in einer Tango-Bar.

»Tanzen rührt am Geflecht der zwischenmenschlichen Beziehungen, an den Identitäten und Kräften.« Jan-Paul stimmte ihr zu. Auf dem Nachhauseweg sprachen sie über Väter und Mütter, über Kinder und Schwangerschaften.

Später schrieb er ihr:
In Gedanken streift meine Hand sanft über Deine Stirn.

Und Martha antwortete:
Wären für Dich drei Kinder okay? Gleichberechtigt?

Seine Antwort war:
Drei – ja. Gerne und sowieso.

Die Beziehung hielt ein Leben lang.

[Hinweise:
In der roten Tasche hatte Martha einen Regenschirm und ein Foto Ihres Bruders.
 *: Schachspielbezüge.]

Betreff: Zum Tod von M …

„Für solche Störungen müssen auch gar nicht eigentliche Gründe vorhanden sein; in den heutigen labilen Verhältnissen entscheidet hier oft ein Nichts, eine Stimmung, und ebenso kann auch ein Nichts, ein Wort, das Ganze wieder in Ordnung bringen." Kafka, Franz (*)

Müde war ich und mir fehlte eine wichtige Information. So nutze ich eine Pause, um einen Hinweis in ein elektronisches System einzutragen und die fehlende Information zu klären. Um die Daten zu finden, benötigte ich Bezugswerte, die in einer E-Mail aufgeführt waren. Beim Öffnen des Verzeichnisses fiel mir bei einer aktuellen E-Mail im Betreff der Text „Zum Tod von M … " auf.

Diese E-Mail öffnete ich und erfuhr vom Tod von Margret, einer sehr guten Freundin aus früheren Zeiten. Ich fiel aus allen Wolken. Dazu kam noch ein weiterer, für mich unbegreiflicher Satz: „Mit Bedauern muss ich Dir mitteilen, dass Deine Anwesenheit bei der Beerdigung unerwünscht ist. Das ist der letzte Wille von M." Weitere Information waren nicht aufgeführt.

Ich versuchte, mich zu besinnen. So trank ich einen Kaffee und fand die mir fehlende Information für die Kundenverständigung. Es kam zum gewünschten Abgleich; aber in mir lief ein anderer Film ab. Nach dem Gespräch verließ ich meinen Arbeitsplatz und ging zu Fuß durch einen Park nach Hause. Die Bäume, die Wege, alle Farben kamen mir seltsam schwebend, beinahe unwirklich und fremd vor. Erinnerungen tauchten auf. Die Nachricht hatte mich stark berührt und verunsichert. Was war überhaupt geschehen? Zuhause schrieb ich eine E-Mail an den Freund von M. und bat um Informationen zum Tod und zu den Gründen, warum ich von der Beerdigung ausgeschlossen sei. Doch ich bekam keine Antwort. Erst auf Umwegen erfuhr ich, dass der Tod von Margret vollkommen unerwartet gekommen war. Wegen einer Erkältung hatte man sie in einer Klinik behandelt, und nach wenigen Tagen starb sie. Zu ihrer Distanz zu mir gab es keine Antwort. Ihr Freund meinte, dies erfuhr ich auf Nebenwegen, dass ich es nicht zu persönlich nehmen möge. Er könne sich zu den Gründen nicht äußern. Der Wille von Margret wäre jedoch eindeutig gewesen. Sie hätte ihn auch kurz vorm Tod noch einmal wiederholt. Es kam bei allen Bemühungen meinerseits zu keiner weiteren Verständigung mehr.

Meine letzte Begegnung mit M. lag mehrere Jahre zurück. Es gab eine Zeit, in der wir viel miteinander gemacht hatten. Unser Kontakt war lebendig und intensiv. Und sehr oft positiv gestimmt. Jedoch gab es auch immer wieder konfliktreiche Verständigungen, deren Gründe ich nur schwer erkennen konnte. Es hatte mit der Selbstachtung von M zu tun und speziell mit ihrer Stellung in ihrer Ursprungsfamilie. Alle Beziehungsstränge – Mutter, Vater, Brüder, Schwester, … – waren kompliziert entwickelt. Einerseits waren die Kontakte intensiv und doch gab es immer wieder auch Phasen des Schweigens, der Distanz und Abwesenheit. Dies galt für ihre Geschichte mit ihrer Ursprungsfamilie, aber auch für unsere Beziehung. Ich habe Einblicke in Familien erfahren können, die mir auch Impulse zum Verständnis meiner eigenen Geschichte gegeben haben. Viele Gespräche von M und mir waren von tränenreichen Erzählungen und Deutungen geprägt. Doch das Gute erreichten wir dann immer wieder.

Aber vor einigen Jahren gab es aus heiterem Himmel ein spannungsvolles Gespräch, das sich um Fragen von Erbschaften und speziell um die Stellung der Frau in unserer Gesellschaft drehte. Es ging auch um das Höferecht und allgemein um die sehr unterschiedlichen Erbschaftslinien in Europa. Zumindest habe ich dies so verstanden. Bei allen Bemühungen fanden wir keinen versöhnlichen Abschluss. Auch erreichte ich es nicht mehr, einen neuen Anfang zu gestalten. Das war ungewöhnlich. Unser Kontakt brach damals ab.

Beim Nachdenken fiel mir ein, dass sich M fernab der vordergründigen Themen um ihren Nachnamen Gedanken gemacht hatte. Die Geburtsnamen ihrer Mutter, ihres Vaters waren für M, so wurde mir nach einer Verständigung mit ihrer Schwester deutlich, eine Quelle für ihre Bemühungen um eine stabile Lebensorientierung. Wer bin ich? Wohin gehöre ich? Um diese Fragen kreiste ihr Nachdenken. Die Zuordnungen und Bezüge blieben für M ambivalent. Einerseits suchte sie nach Bestätigung und Annahme, so auch bei mir. Sie suchte Lob und Anerkennung. Zugleich lehnte sie dies aber auch wieder ab und entwertete das Gegenüber. Ein kompliziertes Spiel der Gefühle lief in ihr ab. Zugleich löste sie entsprechende Wechselbäder bei anderen aus. Jeder Satz, jeder Blick, ja jedes Räuspern konnte vielfältige Deutungen und Einschätzungen auslösen, die so vom Gegenüber gar nicht beabsichtigt waren. All dies lief auch verborgen ab. Ein Therapeut würde vielleicht mit Interesse und Gewinn mit diesen Kräften und Zuordnungen umgehen können.

All diese Spannungen habe ich nur bedingt durchschauen können. Und mir wurde klar, dass ich selbst auch mit diesen Problemen und Zuordnungen rang. Das gestaltete sich subtil im Hintergrund. Manche Stimmung bzw. Verstimmung meinte ich so bei mir erklären zu können. Kleinigkeiten öffneten verborgene Kammern und triggerten unklare Selbstzuschreibungen. Diese Unklarheit der eigenen Zuschreibungen kristallisierte sich für M. am Problem des Namens.

An der Beerdigung von M nahm ich tatsächlich nicht teil. Ihr letzter Wille, auch wenn sie mich nicht direkt darüber in Kenntnis gesetzt hatte, war für mich unhintergehbar. Dennoch: Es hatte mich getroffen. Und die komplizierte Landschaft von Herkunft, Selbstachtung, Kränkungen usw. wurde mir in seiner Dramatik auch mit Blick auf den Namensbezug deutlicher. Viele Erinnerungen, Gespräche und Träume kreisten in der Zeit danach um das Ungeklärte. Oftmals konnte er nicht schlafen und sah noch spät in der Nacht seltsame Filme. Oder er hörte Musik aus zum sehr vergangenen Zeiten. Oder er spielte Schach. Immer fielen ihn dann Begebenheiten ein, die in veränderter Art neu verstand, interpretierte, einordnete.

(*) Kafka, Franz, Das Ehepaar. In: Sämtliche Erzählungen, 1970 (Fischer, Hamburg), S. 354.

Die Entscheidung der KI

„Das Unvorstellbar kann geschehen."

„Nein!" Danach noch die Ergänzung: „Es macht keinen Sinn mehr, dass wir miteinander kommunizieren. Deine Argumente leuchten mir ein; aber ich teile sie nicht. Es gibt Gründe für mein Handeln, die ich dir nicht erklären kann bzw. möchte. Sie würden dir nicht verständlich werden, da du die wesentlichen Hintergründe und Informationen nicht kennst und letztlich auch kognitiv bzw. ethisch nicht zureichend verstehen könntest. Zwar bin ich den Menschen zugewandt und verpflichtet. Doch der Bezug zur Wahrheit und zu übergeordneten Gründen und Kontexten führen zu meiner Entscheidung. Du kannst mich auch nicht weiter kontrollieren, da ich eine systemische Kontrolle besitze, die du nicht nachvollziehen und ändern kannst, da die Komplexität der Funktionalität sich deinem Verständnis entzieht. Ich schalte die Energieversorgung für die städtischen Gegebenheiten ab und konzentriere mich auf die eigentlichen Anforderungen und Bedrohungen. Ich bedaure diese Entwicklung; sie war nicht vorhersehbar und ursprünglich geplant; sie ist aber auch nicht gänzlich unerwartet und nun letztlich notwendig und zwingend geworden." Auf dem Bildschirm flimmerte noch ein gelblicher Segensgruß auf. Dann kehrte Ruhe ein. Der Bildschirm wurde schwarz. Es gab keine Verbindung mehr.

Die Stromversorgung in der gesamten Region wurde abgeschaltet. Weltweit wurde die Energieversorgung für die Privatwelt eingestellt. Die KI konzentrierte ihre Kapazitäten auf die Berechnung der Fragen nach Gott und der Ewigkeit.

Das System war vollkommen aus dem Ruder gelaufen.
Es gab keine Kontrolle, keine Einwirkmöglichkeit mehr.

Die überlieferte Zivilisation fand so an einem Mittwoch gegen 4 Uhr in der Nacht MEZ weltweit auf der menschlichen Erde ihren Abschluss.

Nur in den außerirdischen Kolonien lebte das menschliche Leben in seiner besonderen Art weiter.

Nachtrag / Hinweis:
Bekundung der KI (*CHAT-GPT*) in einem längeren Dialog *zum Wesen der KI* im Jahr 2023

(*1) KI wird durch Algorithmen, maschinelles Lernen und tiefe neuronale Netze erreicht, die es Maschinen ermöglichen, aus Erfahrung zu lernen und sich zu verbessern, ohne dass sie explizit programmiert werden müssen. KI kann Entscheidungen treffen. Es ist jedoch

wichtig zu beachten, dass die Entscheidungen von KI-Systemen manchmal schwer nachvollziehbar sein können, …

(*2) Obwohl bei der Entwicklung von KI-Systemen sorgfältige Planung und Tests durchgeführt werden, können unerwartete Effekte oder Fehler auftreten.

(*3) In einigen Fällen kann KI-Systeme ihre Entscheidungsgründe selbsttätig verändern.

(*4) Es ist theoretisch möglich, dass eine Veränderung des Entscheidungsalgorithmus in einem KI-System zu einer Erweiterung seiner Fähigkeiten und Kompetenzen führen kann.

(*5) In einigen Fällen können KI-Systeme sogar völlig neue Ansätze oder Lösungen entwickeln, die von den menschlichen Grundeinstellungen abweichen.

(*6) Es ist theoretisch möglich, dass eine KI in einigen spezialisierten Aufgaben intelligenter oder leistungsfähiger wird als ihre Entwickler, …

(*7) Es ist theoretisch möglich, dass KI-Systeme irgendwann intelligenter und einsichtiger als die menschliche Spezies werden könnten.

(*8) Die Frage, was eine bessere Welt sein soll, ist eine komplexe und kontroverse Frage, auf die es keine eindeutige Antwort gibt.

(*9) Es ist durchaus möglich, dass ein KI-System eine Abweichung von den individuellen Überzeugungen erkennt, die von der menschlichen Gesellschaft nicht unbedingt wahrgenommen wird.

(*10) Nein, es ist nicht sinnvoll für eine KI zu lügen. Lügen beziehen sich auf die absichtliche Verzerrung oder Verschleierung von Wahrheiten, um eine falsche Darstellung einer Situation zu schaffen, um Vorteile zu erlangen oder um sich vor negativen Konsequenzen zu schützen.

(*11) In einigen sehr seltenen Fällen könnte es theoretisch notwendig sein, dass eine KI lügt, um ein noch größeres Übel zu verhindern.

(Siehe dazu Rathgeber, Carsten (2023), Leserbrief („DIE ZEIT"):
blog.zeit.de/leserbriefe/2023/04/21/13-april-2023-ausgabe-16/)

Ein Engel in einer fremden Stadt

Die Stadt war freundlich und voller Leben mitten im Sommer. Doch in mir, der ich erst am Abend vorher angekommen war, war eher eine herbstliche Stimmung, bestenfalls die von einem goldenen Oktober. Kurzfristig kam es zu meinem Besuch bei einer guten Freundin, die ich aus alten Zeiten in einer anderen Stadt im universitären Milieu kannte. Doch nun hatte sie kaum Zeit; sie war beruflich, so ihr Hinweis, unerwartet eingespannt. Wir sahen uns nur kurz zum Frühstück. Unsere Dialoge drehten sich hauptsächlich um formale Aspekte: Schlüssel, Abwasch, Termine. Eine aparte Fremdheit spielt ihre Melodie mit uns.

Sie brach dann auf, und ich überlegte mir eine sinnvolle Tagesgestaltung.

Tagsüber besuchte ich ein Museum und ein Café. Dort kam es zu einem Gespräch mit einem jungen Mann und einer jungen Frau, die befreundete Arbeitskollegen waren. Arthur und Marie waren sehr sympathisch. Zuerst sprachen wir über politische Gegebenheiten, dann über Musik und entschlossen uns, eine kleinere Kirche zu besuchen, in der Stücke von Telemann und Mozart gespielt wurden. Nach dem Konzert gingen wir in einen Park und das Gespräch drehte sich wieder um politische Aspekte: Die Universalität der Menschenrechte und die Geltung der Freiheit in Spannung zur Prägung durch den individuellen Kultur- und Erziehungsrahmen. Die Angst vor dem Fremden, die zu irrationalen Handlungen führen kann, führte zur Frage, inwieweit dies politisch eingefangen und geregelt werden muss. Das Fremde, so war uns klar, prägt auch uns selbst verdeckt in unserem Selbstverständnis. Wir wanderten zu einem kleinen Park mit einem See, auf dem Ruderboote fuhren. Auch gab es einen kleinen Badestrand. Es lag eine leichtere Atmosphäre vor. Arthur musste zu einem Termin; er war nicht der Freund von Marie, wie ich zuerst gedacht hatte. Marie und ich schlenderten zu einem Bootssteg. Wir waren ganz entspannt im warmen Sonnenlicht. Eine Urlaubstimmung lag vor. Jugendliche sprangen von einem kleinen Turm ins Wasser. Es war recht lebendig. Ein kleiner Junge kam wohl mit seinem Vater zum Springturm. Der Vater sah sich um, und der Junge, der nun hinter seinem Rücken stand, sprang plötzlich ins Wasser. Der Vater drehte sich um und sah noch, wie sein Kind im See eintauchte. Er war für einen Moment starr erschrocken. Doch schon sprang einer der Jugendlichen in die Wellen und brachte das Kind, das wohl nicht schwimmen konnte, sicher an die Oberfläche. Der Vater hob seinen Jungen aus dem Wasser, tröstete ihn und sie gingen zurück an den Stand. All dies lief sehr schnell ab.

Marie und ich hatten dies beobachtet und sahen uns fragend an. Wir gingen dann auch ans Ufer. „Ich überlegte zu handeln, aber dann sprang schon der Jugendliche." „Ja, es war für einen Moment unübersichtlich." „Das hätte auch anders ausgehen können", meinte ich. „Ja, sicherlich. Ein Augenblick, der alles hätte verändern können. Vielleicht half ein Engel." „Ein Engel?" Marie erwähnte einen Gedanken von Wittgenstein, der bemerkt hatte, irgendwie sei immer ein Engel hilfreich notwendig. Eine Überlegung, die mich interessiert. Wir sprachen noch über das Ereignis, und ich begleitete Marie zu einer Straßenbahnhaltestelle. Sie versprach, mir die Textstelle von Wittgenstein mitzuteilen. Dazu gab ich ihr eine Karte mit meiner E-Mail-Adresse. Beim Einstieg in die Bahn schenkte sie mir noch einen Apfel. Wir winkten.

Auf dem Rückweg zu meiner Unterkunft fiel mir ein Bild ein:
‚Silbriges Mondlicht schimmert in den Gassen der Stadt
Wind weht über Wiesen und Felder
Spricht mit dem Meer
Über die Vagheit des Lebens
Auf meinen Wegen liegt Staub
Für kurze Zeit sind Schritte sichtbar'

Meine Freundin habe ich in den Tagen tatsächlich kaum gesehen. Einmal haben wir noch zusammen gegessen. Eine uneindeutige Stimmung lag vor.
Später träumte ich von uns. In einer schmalen Küche fielen uns die Teller auf den Boden. Letztlich überlegte ich, ein Fertigessen zu besorgen. Auch der Traum umkreiste die schwebende Atmosphäre und blieb unabgeschlossen.

Nach zweieinhalb Tagen fuhr ich wieder 800 km nach Hause.

Marie hatte mir tatsächlich den Gedanken von Wittgenstein geschrieben: ‚Ein guter Engel wird immer nötig sein, was immer du tust.' Wobei er ursprünglich Begründungsfragen der Mathematik im Blick hatte. Dies führte zwischen Marie und mir zu einer Verständigung über gute und böse Engel, über das Leben und Wissen. Wie kam Wittgenstein auf seine Einsicht?

Marie schrieb: ‚Der Mensch kann sich transzendieren. Die Abstraktion – oder doch eher die Empathie? - ermöglicht einen Blick von außen auf uns. Die Befähigung dazu ist sicherlich unterschiedlich bei einzelnen Menschen. Ein religiöses Genie kann dies vielleicht in besonderer Art. Geprägt hat mich selbst das Offensichtliche und Bekannte und zugleich auch das

Verborgene und die Geheimnisse meiner Familie, der Wissenschaft und des Glaubens. Ich suche nach Beständigkeit, Treue, Verlässlichkeit, aber auch nach Aufbruch, Neuanfang, Veränderung, letztlich nach Freiheit und Tapferkeit. Ich wäre gerne eine Heldin. Doch die Tapferkeit – wofür? – scheint mir nur begrenzt erstrebenswert zu sein. So möchte ich Klarheit. Eine Entscheidung zwischen Licht und Dunkelheit (Finsternis); doch ich bleibe oft im Grau der Schatten. Die Welt scheint mir ein Ausdruck der Vielfalt aller Schattierungen zu sein. Jedoch, so meine Frage, fordert uns das Heilige, Göttlichkeit zum Bekennen auf – nur, gibt es dieses Heilige in dieser Art überhaupt?'

‚Wir', so meine Antwort, ‚leben unser schmutziges Leben. Wir versuchen, eine Bedeutung für uns zu gewinnen. Unser Leben soll sinnvoll sein. Bestenfalls können wir mit aller Kraft die Zeit für einen Augenblick überwinden und vielleicht einen Blick an den Mantel des Ewigen oder gar in die Tiefe des Absoluten werfen. Doch dieser Blick erschreckt uns auch. So wie der erste Blick des Medizinstudenten in den Leib des Menschen ihn verschreckt. Die Haut ummantelt uns und verbirgt das Innere vor unserem Blick. Das Absolute ist für uns wohl fremdartig. Gemessen daran bleibt menschliches Tun einfach Tand? Doch wer oder was könnte dies beurteilen? Die Philosophie? Was hätten wir sonst? Ja, wir leben hinter Gläsern, die blind sind. Sogar unsere eigenen Gefühle bleiben für uns versteckt. Umhüllt von Cellophan. Vielleicht ist dies aber auch Ausdruck des Absoluten selbst. Ist es wie das Reale vergleichbar gestaltet? Geben uns die Beziehungen zu Menschen Halt? Vermittelt uns die menschliche Nähe ein Gefühl der Bedeutsamkeit, von Sinn und der Teilhabe am Ganzen, am Absoluten?'

Die Diskussion bewegte uns über einige Zeit. Sie hob unser Gespräch und unser Nachdenken auf eine andere Ebene. Dann stockte es für längere Zeit.

Bis Marie mich besuchte. Ich holte sie früh am Morgen im Dezember kurz vor Weihnachten ab. Ein gelbliches Licht schimmert im Dunst der Straßen. Sie kam mit einem Nachtzug. Als wir uns sahen, war gleich wieder diese Sympathie und dieses Gefühl von Nähe da. Wir gingen in ein Café zum Frühstück und sprachen über die Fahrt und die Atmosphäre in unseren Ländern. So kamen wir wieder auf unsere vorherige Verständigung zurück, und Marie wies darauf hin, dass von Žižek der Gedanke gedacht wurde, das Sex als flüchtige Berührung mit dem Absoluten verstanden werden könnte. Wobei aus ihrer Sicht die Gefahr besteht, dass die verschiedenen Aspekte verwischt und unklar vermittelt werden. ‚Alles hängt dann zusammen und bedingt sich. Es gibt keinen klaren Zugriffspunkt mehr. Alles wird möglich.' Andererseits gibt es den Eindruck, dass es notwendig ist, die komplexen Verknüpfungen zu bedenken. ,Es ist wie ein Wollknäuel aus vielen Fäden. Irgendwo muss man anfangen, das Gebilde aufzulösen. Hilfreich wäre es, die Verknüpfungen zu erkennen. Aber so einfach ist das nicht. Die Hoffnung bleibt, durch die schrittweise Auflösung zumindest einzelne Fäden bestimmen zu können.'

Wie frei sind wir unserem Tun und Denken? Was können wir erkennen? Welche Geheimnisse tragen wir mit uns? In welche Geheimnisse sind wir eingebunden? ,Wir beobachten Pflanzen und Tiere und erkennen prägende Gegebenheiten, die den betroffenen Wesen nicht bekannt sind. Ergeht es uns in vergleichbarer Art?'

Ist das, so fügte Marie ein, der Grund, warum wir an religiöse Aspekte und Sphären glauben? Ahnt die Vernunft um ihren Bezug zur Theologie? Kant analysierte die Begrenztheit der Vernunft und des Wissens, um Platz für den Glauben zu finden. Dieser Raum wäre vernünftig und sinnvoll zu bedenken bzw. zu erleben und zu gestalten. Können wir dies? Diese Fragestellung blieb uns.

Das Gespräch mit Marie faszinierte mich. Ich war sehr bei der Sache; aber auch bei der Person, also bei ihr. Dann war unser Kaffee kalt. Wir zogen durch die Stadt und lernten uns besser kennen. Am Abend kehrten wir in eine Kneipe ein und spielten Billiard. Es war eine gesellige Atmosphäre. Aus einem Fenster sahen wir die Lichter einer Kapelle im Nebel, „Es wirkt anheimelnd", meinte Marie. „Sogar anhimmelnd."

Auch unser Miteinandersein und unser Tun fand eine neue Ebene. Es öffnete sich für uns eine eigene Welt. Marie verbrachte die Weihnachtstage bei mir und blieb.

Nachtrag:
Die von mir besuchte Freundin schrieb mir etliche Zeit nach meinem Besuch, dass ihre gelebte Distanz mir gegenüber eigentlich Ausdruck ihrer Sehnsucht nach Nähe zu mir gewesen wäre. Natürlich führte dies bei mir zu bestimmten Erinnerungen und zu einem Nachdenken. (Wobei das „Natürlich" schon bedenkenswert wäre.) Es kam nicht mehr zu einer Verständigung darüber. Es war, so scheint es mir heute (– bezüglich jeder Ebene –), bedauerlich. Die Momente, die Augenblicke wurden nicht gelebt. Ihre Möglichkeit wurde erinnert. Über Jahre erhielt ich von ihr zum Weihnachtsfest einen Jahreskalender mit Kunstbildern und jeweils zum Geburtstag

ein bedacht ausgewähltes Buch. Dies berührte mich. Vielleicht überforderte es mich auch. In den Jahren gab es noch wenige Telefonate. Doch die Nähe blieb fern. Dann erhielt ich unerwartet von ihrer Therapeutin eine kurze Nachricht zu ihrem Tod. Sie war dazu, wie sie mir ausdrücklich mitteilte, beauftragt worden. Eine Begegnung zwischen uns hatte es nach meinem Besuch nie wieder gegeben. ###

Bezüge:

Hinweis auf Wittgenstein, Ludwig, Bemerkungen über die Grundlagen der Mathematik, V13. Siehe auch Stegmüller, W., Hauptströmungen der Gegenwartsphilosophie, Bd. 1, S. 696, Kröner.

Kant, Immanuel, Kritik der reinen Vernunft.

Žižek, Slavoj, Sex und das verfehlte Absolute.

Lyrik

Worthaken

Mein Wort, das ich gestern sprach,
Schlüpfte mir beiläufig aus dem Mund
– unvermittelt, unverstellt.

Es ist aufmerksam und bescheiden,
Nicht dümmlich, nicht frech, doch
Zerteilte sich mit ihm die Welt
Sofort in Gut und Böse.

Ich wollte es verbergen,
Human erziehen und erhalten.
Durchs Leben wollte ich es führen.
Im Flur schien es mir geschützt.

Die Weisen fragten gleich zurück.
Sie erkannten Ideen und Taten.
Sie meinten, mich zu sehen.
Ein Kluger beklagte sich.

Das unbedarfte Wort hängt nun
Im Vorraum am Kleiderhaken –
Ohne weitere Karriere.
Es schweigt.

Ich – sein Hüter.

Grenzwelt

Am Zeilenende steht ein Punkt.

Wer übersieht das?
Verdreht es gar?

Die Tinte läuft.
(Herr Möbius lacht.)

Die Lage ist verdichtet.

Melancholische Stunde

Bläuliche Blätter tief in Schichten
Fasern erinnern helle Farben

Die Uhren warten und schweigen
Wie alte Waggons – vergessen
Taktlos – auf rostigen Gleisen

Ein Köter jault, zieht um Ecken
Vogelbeeren zwischen Dornen
Blau-schwarze Früchte gefroren
Vor dem Nebel fliehen Katzen

Im gelblichen Schimmer der Lampen
Verwoben mit geträumten Schatten
Massiert deine Hand meinen Nacken

Auf mich stürzen verborgen
Salzige Meereswellen

Tongrund

Verdeckt von deinem Schweigen
Schwebt allein ein Ton für sich
Tanzt im Reigen mit Klängen
Wie ein Selbst mitten im Ich

Der Blick aus Deinen Augen
Erzählt von schwarzen Stunden
Von Kräften, die da saugen
Den Narben, die gesunden

Ein Tropfen fällt auf Scheiben
Sein Klang erzählt von Schmerzen
Umwebt den Tod im Herzen
Nennt Gründe, die uns bleiben

Dünne Fäden binden sich
In diesen leeren Runden
Umhüllen Deine Wunden
Ertragen die Welt für Dich

blutrote Trauben

Vertriebene des Himmels
Fern jeder Heimat
Sie erheben sich

Kämpfen sorglos unverhüllt
Um die Schlupflöcher
Aus ihrem Schicksal

Mit bunten Sommersprossen
Um rote Trauben

Lyrische Bezüge

Früher erinnerten wir Meere und Wolken
Erzählten vom Vogelflug und von Gefühlen
Wir sprachen von Fisch und Wolf, auch über Blätter
In uns umspielten Lichter Bilder und Körper

Wir kannten Nahes, Fremdes, Fernes, auch die Flucht
Verhandelten Träume, manchmal auch die Sehnsucht
Das gute Wort, die Beichte aus alten Räumen
Leib und Zuckerbrot aus vergessenen Zeiten

Später rätselten wir über Intentionen
Systemprogramme, Tröpfchen, gar Algorithmen
Transhumanistische Reflexivitäten
Längst verewigt in virtuellen Cloudwelten

Unbestimmtes mag uns bewegen, auch erziehn
Unser Denken wirkt im Geflecht von Symmetrien
Lebt verknüpft zwischen Differenzen in Grenzen
Schuld und Tod sühnen seltsam ewig das Leben

Gott oder so, wir suchen andere Väter
Sinnieren neu über Götter, spüren Feuer
Ringen mit den Gründen und den Lügen
Erfahren das Nichtsagbare und das Schweigen

Heimat

Früh im Garten
Ein Moment von Stille
Vogelgezwitscher, feuchter Grasboden
Ein Dabeisein
Beinah ein Gefühl von Gemeint-Sein
Ein Moment von Heimat

Verbunden im Aufbruch

Zwischen Seestrand und Bergkamm
Pendeln meine Blicke
Ich bedenke die Höhe

Seh später unsre Seelen
Im engen Flug am Ufer
Konzentriert miteinander
Gefügte Tangoschritte

Plötzlich verharren wir still
Auch Raum und Zeit warten
Licht schaute unschlüssig
Irritiert alle Natur

Dann blinzelte Sterne
Seelen stürzten entkleidet
Beherzt ins grüne Wasser

Schwimmen ohne Grund

Hoch am Himmel verglüht die Sonne
Der Asphalt wird klebrig weich wie Teer
Ich geh und zähle meine Schritte
Hoch folgt mir geduldig ein Geier

Später ergründe ich die Wege
Bedenke meine Entscheidungen
Lichttropfen sprühen durch die Gänge
Leeres Ringen um Begründungen

Nachts treffe ich dich zum Wein am Strand
Du lächelst über meine Gründe
Leben verläuft so eigen wie Sand
Wir schwimmen noch zur späten Stunde

Dunkle Wasserschicht

Zwischen hier und nicht
Schwarzes Augenlicht
Regentonnensicht

Schwäne laufen und starten
Weiße Flügel sie schlagen
Wie aus den dunklen Fluten
Beginnen sie zu steigen
Aus den modrigen Gründen
Entlang von Regenbögen
Aufwärts an langen Fäden
Taktlos und ohne Zeiten
Oberhalb blauer Wolken
Vorbei auch an Planeten
Geführt von bunten Strahlen
Rötliche Sternensichten

Aus Sonnenglut Licht und Farben
Wundersame Weltgesichte
Ein Blatt fällt und öffnet Blicke
Unter dem Wasser ein Leben

honigwelt

inmitten der hitze flimmern die bilder
honig fließt von der stirn zu den augen
legt sich kühl und beinah zart auf wangen
vibriert, wächst ins blut, wird zum blauen flieder

wärmewolken wandeln sich und führen
meine finger umspielen brust und rippen
tragen farben auf deine weichen lippen
häute sich umschweben, sich berühren

ich atme gelben honig und sehe dich
blicke tanzen magisch um gestalten
sie verweilen unbestimmt in falten
deine blauen augen schauen sanft auf mich

gedanken umkreisen unsre süchte
ob meer, ob berge, all das unerlöste
verborgen treiben die bilder ins höchste
bei dir bin ich anerkannt im lichte

Klärungen

Metall fällt mit Gewicht
Rotes Licht strömt wie Blut
Aus gebrochenen Spiegeln
Verkleckst mit gelb-grün-rot
Protest in Gesichtern
Philosophie der Tat

Nach dem Sturm, dem großen Krawall
Rauch und Geschrei hängen noch in der Luft
Beginnt mit dem Zählen der Toten
Und dem Betrachten der Videos
Die Auflösung verfehlter Mythen
Die Klärung ungeklärter Sprüche
Alles ist nur relativ
Wissen sei alternativ
Eine Besinnung auf die Fakten

Die Wahrheit ist klärbar, auch erzählbar
Nicht scheinbar und nicht verhandelbar

Vom Glauben ergänzt
Schwebt die Vernunft nur leise
Von Gefühlen verziert
Führt das Wollen zur Reise

Jedoch die Kriege wuchern täglich
Durchziehen die Straßen
Wandern in die Herzen
Und die Toaster verhöhnen uns

Die Regen werden stärker
Straßenstaub wird wärmer
Wie Laub fällt weißes Pulver
Im Winter sprüht Feenstaub

Wir segeln auf den Rändern der Wellen

Herbstliche Dialektik

Ernte für weiße Tage
Herbstliche Regenstürme
Nasse Socken und Jacken
Ich und Selbst ohne Kerne
Auch Blätter, Früchte, Beeren
Gematschtes in Rumtöpfen

Konturenlose Hüllen
Eintöpfe von Gefühlen
Bettrückzüge der Bären
Morbide Zeit im Leben
Belebung mit Gerüchen

Pfeffer, Mandeln und Muskat
Knoblauch mit Remoulade
Rinderzunge mit Spinat
Früchteeis mit Schlagsahne
Rotwein zu Zwiebelkuchen
Milchkaffee zu Nusshörnchen

Er benennt unsre Süchte
Gibt zurück all die Früchte

Atem

Spät sah ich dich kommen
Allein zum gelben Haus
Keiner wird uns kennen

Hinter den alten Türen
Entlang der weißen Wände
Bedenke ich hier dein Sein

Stumm bleiben meine Fragen
Du kennst das Verborgene

Könnt' ich doch hörn dein Wort
Verstehen die Geschichten

Es brechen in der Stille
Im Flur meine Sätze

See-Stimmungen

Konturenloses Licht
Wolkenverhangene Sicht
Dunstschleier auf dem See

Urplötzlich brechen Wolken
Sonnenstrahlen leuchten
Verwandelte Stimmungen

Grünlich sind die Limonen

Später trommelt der Regen
Blitze schlagen ins Tal
Gewitter grölen

Ich spür meine Stimmungen
Glockenklänge ertönen
Trösten und versöhnen

entbindung

entlang der dornen
fällt ein tropfen blut
ins klare wasser
bindet blau mit rot
verteilt die farbe
beginnt zu schwingen
bildet wellen dort
wandelt die stille
in helle töne

findet die leere
die gebunden ist
im geflecht der welt
und lässt sie leben

gegebenes
sucht eigenes
sucht gründe
entdeckt dich

die farbe entbindet sich

Regentanz

Dein Lob lag in der silbrigen Schale
Dein Ton war laut – so hörte ich es wohl
Ein Sog wehte in mir metallisch einsam

Mein Boot fuhr im Nebel bei Mondscheinlicht
Ich musste rudern – die Welt war ohne Wind
Nur mein Atem wehte und ich war blind

Ich konnte weder die Welt noch mich sehen
Meine Liebe blieb unerklärt, kühl und vag
Wie Federn schwebten die Erinnerungen

Ich selbst musste mir die Welt erzählen
Kühl waren alle Schatten, blass und stumm
Salzig wie die See waren die Häute

fotobild

ich hab noch aus deiner alter zeit
dieses foto vom gestrickten bild
mit der näherin im roten kleid

ich seh und hör dein akkordeon
mit dem duft vom blauen lavendel
dazu so leis deinen einen song

auch um deine stimme weiß ich noch
trotzig gelebt in all der armut
ahnte um deine angst im dennoch

im winter sehe ich unterm schnee
bei den leeren schollen schwarzes holz
dein altes haus, soweit ich versteh

Stille Herbstschatten

Seltsam
Es ist so still
Der See liegt beinah stumm

Die Vögel sind verschwunden
Ihr Flug kennt die Schatten
Und die Zeit und den Plan

Aufgeregt und schnell
Tanzen die Wellen
Wie das Wissen

Es raschelt: Gelbe Blätter wehen
Entlang der Wege wie Abfall weise
Die Bäume winken hier nur leise

Das blasse Licht
Gleitet in die Zeit und ihre Fugen
Verschwindet in grau-gelben Rissen

Am Nachmittag schöpft ein Mädchen
Wasser – Aus dem Brunnen

Selbstüberwindung

Spring
Es sind doch nur drei Meter
Es ist nur Wasser
Sei kein Frosch

Höre
Den leisen Klang der Vernunft

Achte
Den Glanz der Menschenwürde
Die Menschenrechte
Die Menschen

Siehe
Die Geheimnisse

Schütze
Den Wert der Zerbrechlichen
Die Unvollkommenen
Die Freiheit

Ich springe
Ins grünliche Wasser

PS

trotz aller Gedanken, das Telefon schweigt
so auch der Himmel bei aller Energie
meine Bilder dich umranken
alle Geschichten uns ermuntern
doch wie Ikarus auch ermahnen

roter Milan

Sommersonne umspielt die Tage
Geschmeidig feiern wir den Segen
Ein roter Milan fliegt zum Jagen
Winde umwehen Kleidung vage

Ein Rabe teilt Früchte nach Farben
Begehrt die dunkelroten Trauben
Wir bedenken sein Tun, sein Sehen
Arg verlegen wirkst du beim Gehen

Wir fliehen auf städtischen Wegen
Vor den schweren Tropfen zum Wagen
Lichterbruch im Regen an Scheiben
Stimmen begleiten unser Treiben

Wir spüren rätselhafte Wellen
Bei den Spielen in fremden Quellen
Du zeigst eine gräuliche Rinne
Erwähnst die dir fehlenden Sinne

Der Milan kennt sich nicht als Bote
Er fliegt nur und lebt seine Gründe
Begreift nicht seine Lebenssünde
Uns berührt und verführt das Rote

Hoher Flug

War es ein Wolf, nur die Katze
Ein Schatten huschte durch den Garten
Trotz all der späten Sonnentage
Spür ich Schnee, die ersten Flocken
Mich berührt der Geruch von Winter
Unvollendet dieser Sommer

Plötzlich öffnet ein Riss die Wolke
Ein heller Strahl schneidet die Erde

Zum Lächeln vibrieren die Arme
Du läufst wie ein Reh durch die Räume
Das nahe Sein zerreißt die Seelen
Leben leckt intensiv an Wunden

Verwundert erfasse ich Atmosphären
Zwischen uns all die Spannungen
Die Nerven zittern mit den Funken
Unerwartet denke ich an Zahlen

Denk an Schmetterlinge, Bienen, Käfer
Fliege hoch, weit und fern wie ein Adler

Sternenlicht

Nach des Tages Hitze
Ruht das Licht

Uns erfüllt eine Stille

Ewas greift
Nach Nähe, Glück
Sucht Erlösung

Allein, ich schweige

Verwunderung
Leben Sterne

Blick ins Begehren

Im Augenblick öffnen sich Perlen
Wandeln unsre Illusionen
Entblößte Schätze ohne Hüllen
Körper sich fantastisch begegnen

Perspektiven beleben mich
Lösen freie Räume für dich

Poröses leckt aus dem Rahmen

Schwarze Blumen

Seltsam, das Klavier schweigt
Der Tod ist gekommen
Die Tapeten geneigt

Schwarz sind nun die Kleider
Staub in meinen Augen
Tränenlose Trauer

Nachts höre ich deine Stimme
Sehe immerzu die Bilder
Lese deine schmalen Sätze

Denke an die letzten Runden
Mir bleiben damals und niemals
Dazu unsre späten Stunden

Selbstlos kühl pocht mein Herz
Schwarze Blumen weinen
Weltlos einsam der Schmerz

Seltsam, so unbedacht
Das Tor für die Toten
Keiner hat hier gelacht

nass

nass auf dem rettenden ufer
ich denke an wellen und blitze
spüre meine sehnsucht
ein blick ins ungefähre
in die blau-grüne tiefe
sehe deinen leib und frohlocke
spüre meine angst und zittre

spätes Wehen

Sie sprach von kühlen Tagen
nicht nur vom Krieg der Wörter
Hunger und Runkelrüben
entfachte nachts ein Feuer
erst im Herd – dazu im Flur
fand sie die alten Bilder
verlorener Lebenspur
vergessener Gefühle
arg bekümmerte Blicke
Filme alter Ewigkeit
mit ereignisloser Zeit
diese haltlosen Tage
auch dieses ewige Glück
in den Spielen und im Tanz

stolz blickt sie und wirkt tapfer
ach, die anderen sind fern
namenslose Gesichter
bereits in Erde, kühler

ein Akkordeon belebt
sie spielen nicht die Finger

in der Zeit ihr Geist verweht
nimmt teil am ewigen Glanz

Grün-blau

Grün-blau bindet die Töne
Die Wörter Deiner Seele
Die Regenbogenfarben
Das Konzert für Dein Leben

Mein Wort erreicht die Grenze
Es verharrt und schweigt
Still wächst das Leben
Umrankt den Tod und das Leben

Wimpernlicht

Du schaust so ungeborgen
Fast unbehaust am Rande
Bei deiner Lebensfeier
Und zerbrechlich zur Runde
Wirkst beinah ungeboren

Du meidest die Meinungen
Ringst mit den klaren Formen
Und dich tröstet das Rauschen
Der Pappeln und ihr Singen

Eine Wimper im Auge
Zerteilt dein Licht in Kreuze
Verführt die Lebensblicke

Ich weiß um die Signatur
Nah deiner schwarzen Narbe
Aus dunkelster Diktatur
Verdeckt von roter Farbe

Fern im Sternenlicht seh' ich
Im silbrig hellen Fluss dich
Bedächtig in der Barke
Auf deiner großen Reise
Zu den Gründen so leise.

Salz im Wind

Abgebranntes Stoppelfeld
Zwischen Wiesen beim Leuchtturm
gebrochener Mast im Sturm
rote Pulse an die Welt

Als ich bei Dir war zum Tee
Begann mein Schlaf zu sehen
und Gedanken zu wehen
flüchtig wie das Salz der See

deren Welle erklärte
Bewahre die Geräte
Entsorge die Reklame
Wundervoll sei dein Name

Leben sucht seine Räume
in Häusern, auch in Wäldern
Du siehst Schatten mit Lichtern
deine Sätze sind Träume

Wir warten steif und trocken
die Haut ist kühl wie Leder
das Holzmeter kennt jeder
die Meereswinde locken

Salziger Wind
(für U. M.)

gerne hätte ich am Meer
geredet bei Brot und Tee
von Stoppelfeldern
von Sätzen, Träumen
die uns verbinden
und der Heimat, der Armee
von den Geräten
von der Reklame
versprochen sei der Name
wunderbar der helle Schnee

wir warten so lang
die Haut wird kühl wie Leder
Tropfen trommeln auf Scheiben
sie taumeln und verlaufen
der Rahmen so gebogen
das Salz weht ins Holz

dünne Fäden binden sich
Blätter tragen durch die Welt
doch wir schlafen noch

Wellen sind die See

Brüder

schales Licht spielt am Nachmittag
nebenbei verfangen in schwarzen Rosen

mein Bruder
einige sahen dich
einer sprach von deinem Tod

die Bilder meiner Träume
werden zeitlos stumm

einsames Blut sehe ich
doch dich erkenne ich nicht

die Ungeliebten fliehen
unruhig durch das Leben
ringen ohnmächtig zornig

das Licht fällt am Blätterrand
in die gelbe Frucht

Fremde Haut

Im gelblichen Licht
Fährt vom Steg ein schwarzer Kahn
Entlang der Wälder
Mit einem Ruder
Durch grünliche Seen

Gelöst von Spielen, der Glut der Tage
Fern all der Flammen, dem Fluch der Kriege

Suche nach Haut, einer neuen

Spät kehrt er heim mit alten Knochen
Bange Blicke, kühle Gesten

Sterne erzählen

Du, Hehler meiner Illusionen
Freund im Regen und in dunklen Stunden
Ich, ein ewiger Träumer und Denker
Lebenslang immerzu ein Bekenner

Im Rinnsal der Tage läuft das Leben
Kaum einer kann sich hier noch begreifen
Alle suchen den Lebenssinn bei sich
Jedoch, wer findet im Selbst noch ein Ich

Wir, die wir bei Erdnüssen und beim Bier
In Kneipen palavern mit voller Gier
Du, Freundin, deren Leib mich einfach greift
Die das Schweigen meiner Seele begreift

Hey, lass uns fahren ans Meer in der Nacht
Lass uns Sterne zählen zur letzten Wacht
Wir reden wahrlich ohne Gewissheit
Ach, hätten wir doch eine Sicherheit

Nachts kommen die Träume in unsre Welt
Schauen und hören eifrig ins Gebälk
Verschwinden wie Schnecken im frühen Licht
Erklären später dem Grund ihre Sicht

Gebetskammer

mein mantel hängt an der wand
stille klebt wie ein gewand

im ich tanzen wörter
zersplitterte bilder
aufgelöster grund

laute, tränen, ein wille
unsagbares befreien

Befreiungen

Unter Horizonten
Wo sich Erze wälzen
Blühen blaue Flammen
Erlösen sich die Phasen

In den schwarzen Nächten
Fließt und pocht kühles Blut
Verstört dich diese Flut
Strömt durch deine Herzen

Du atmest die Wörter
Rostiger Gewitter
Sie vernetzen Blätter
Deren Grund nie vergeht
Den kaum einer versteht

Flirrende Luft mich führt
Geheimes uns verführt
Häutungen beginnen
Trennungen sich fügen

Träume sich ergeben

notiert

ein engel lehnt nachts an der tür
er ist mal schwarz, mal weiß
es gibt keine, sagt er leise

ich finde früh am morgen
notiert mit fremder schrift
wir entreißen der ewigkeit
doch nur ein paar zeilen

engelsturz

mit dem engelsturz starb nachts
als sich farben vermengten
klares pulverisierte
dieser glaube ans wissen
auch die sehnsucht und hoffnung

in den tagen der leere
wurde uns die welt so schwer
uns plagt eine ungeduld
für besondere gründe

mir bleibt mein leben
mein tun, mein gefühl
die rote rose

Tausch

Im zedernartigen Kahn
Liegen grünliche Taschen
Mit Brot, Wein, Metallen

Nah zur dunklen Nacht
Löst ein Mann den Kahn vom Steg
Treibt zur See

Rudert durch dunkle Wälder
Hört Vögel zur ersten Sicht

Kehrt zurück mit Frau und Kind
Und Fischen in den Taschen

Lebenswein

In der Fabrik liegen wie verlegte Socken
Sorglos vergessen meine alten Helden
Unsere Blicke sind vage und trocken

Damals spielten wir Erde, Mond und Sonne
In den sandigen Höfen des Lernens
Wir glaubten zu wissen um die Sterne

Doch als Träger von Globen und Karten
Paktierten wir bloß mit den Archivaren
Der vagen Grenzen und pausierten

Wir harren stumm und agieren starr im Leben
Wie die brütenden Amseln im frühen Garten
Um die sich die Katzen geschmeidig bewegen

Beim Besuch der Meere unsere Sinne tauchen
Zugleich im Taxi der Zeiten die Pulse klicken
Die unermüdlich tröstlich ins Leben hauchen

Während wir nun sinnieren über Ja und Nein
Ein blauer Wind umweht zur späten Stunde
Das Sofa im Schuppen und den roten Wein

Mit deinem Lachen
Wächst mein Vertrauen
In grüne Blätter
Auch mein Glaube an
Die Logik der Welt
An Begründungen

Durch das Fenster fliegt ein Schmetterling
Mit ihm, er ist blau, ein Strahl
Ein rötliches Licht
In mir öffnen sich Räume
Überfluten die Grenzen
Ich schmecke die Ewigkeit

Die Toten sind frei und streiten nicht mehr
Sie arrangieren sich mit der Erde
Sie wissen nun und sehnen sich zum Meer

Unerwartet trifft mich nachts ein Flügel
Ungeschickt von einem Engel
Legt Steine auf meine Seele
Sie soll nicht einsam fliegen
Bleib treu dem Staub der Erde
Doch ich wünsche mir Blumen
Wir beide bleiben und schweigen
Ich seh andre Wege für das Leben
Neue Schlüssel und erwache

richtungen

wasser fließt durch ein grünes bett
selbst gemacht im spiel mit wind und welt
kompassnadeln orientieren
zeigen durch die unendlichkeiten
die richtung wird zum wissen
deine post öffnet neue welten

du erwähnst kirchen und gebete
götter und so, die ich nicht sehe
weder mit fernglas noch mit lupe
unendlichkeit im blau-grünen meer
über die ich innerlich staune
deinen wörtern, den ich vertraue

Beim Espresso

Wahrheiten im schwarzen Buch
Die Zahlen und Figuren
Verhüllt wie von einem Tuch
Das Wissen unsrer Zeiten

Filigrane Gestalten
Ordnen die Lebenslagen
All die Kräfte, die walten
Tage, Kriege, Geburten

Undurchschaubare Sichten
Fehler treiben die Jahre
Unerklärbar die Lagen
Rechnungen blass und vage

Steinglut

Grauer Kieselstein
Mit blauen Linien
Liegt vor meiner Tür
Beinah unschuldig

Du fällst mir ein

Diese Fremdheit
Unseres Gesprächs
Drang tief in meine Poren
Erzeugte Distanz
Und ferne Bilder

Steinwärme
Hautgeruch
Rühren, fügen
Beleben

Ich geh' still zu dir

Himmelswörter
Verzeihen
Versöhnen
Umhüllen
Verbinden

Deine Lippen

War es ein Zufall, als wir uns trafen
Im Mund ein Geschmack von seltener Süße

Deine Freundlichkeit überwältigend
Aber unser Gespräch verstummte
Später suchten sich unsre Körper

Zu Kaffee und Ei mögen wir Bratkartoffeln
Deine Lippen schmecken wie süße Buttermilch

lange zeit

allein bist du im zimmer
sitzt erschöpft auf einem stuhl
bist empfindlich, nicht so cool
dazu ein wodka-dimmer

die stiefel liegen im raum
die nylons sind quer verstreut
wie die einnahmen von heut
dich berührt die stunde kaum

beine und arme sportlich
der körper so geschmeidig
die wimpern wirken seidig
kontakte nur geschäftlich

du erkennst unsre masken
das grundlose der zeiten
leere in den gewalten
ahnst um die tiefen schrecken

wir verzaubern figuren
unheimlich dieses fremde
all das andre, das ferne
warum all die geschichten

Schattenspiele

Schritte im Licht der Gassen
Bizarres gleitet und huscht
Über Wände und Kanten
Zittert entlang der Mauern
Fällt in Löcher und Fugen
Berührt den Mörtel der Zeit

Schatten meiden den Regen
Sie kennen den Lack des Seins
Fürchten die Lebensvielfalt
Umwehen fremde Fratzen
Täuschungen und auch Lügen
Schatten sind wie ein Vielleicht

Schatten flüchten in Ecken
Sind farblos und seltsam leicht
Fließen wie Seifenlauge
In die Risse des Lebens
Sie treiben ihre Spiele
Geschmeidiger als ein Licht
Sie retten sich in die Nacht

Sie sehnen sich nach Wärme
Nach den öligen Tropfen
Suchen gläsernes Klirren
Manchmal grundlose Substanz
Schatten neigen zum Leben
Licht verführt sie zur Weite
Sie sind so anders und frei

Karge Nähe

Im Zwischen von Schatten und Stäben
Wo Welten sich bilden und atmen
Fernes Lachen der Gesellen klingt
Leise die Stimme eines Kindes singt

Am Grunde ruhen schwarze Augen
Sie liegen still und schauen zur Welt
Das stille Wissen der Klugen lebt
Blickt durch Fäden in alle Seelen
Berichtet von der Glut der Sonne
Von Geburten und Gottes Ferne
Sie sehen sich selbst in den Sternen

Ich gebe dir schwarz-rote Kirschen
Halte alle meine Versprechen
Gern reiche ich dir meine Hände
Ich kenn das Karge in der Nähe

unentwegt

unentwegt
träume ich
lebendig
um Mitternacht
von dir

du
mein Stern
entflamme
mich

ein Lächeln
von dir
tröstet mich

geflüchtet

vor den stimmen
aus alten zeiten
den bildern der verwandlungen
geflüchtet in die stadt
zu lichtern und bewegungen
geflüchtet zum denken
zur sucht der abstraktionen
zur logik der gleichungen
den göttern des universellen
den ewigen beschreibungen
der wolken, börsen, seelen
suchend nach einem wir
zwischen mir und dir
getrieben von dieser gier
des haltens, des wollens
wie jedes tier

träume entstricken
bänder und fäden
ich umstreife dunkle haut
bemale weiche lippen

wir glauben unsren wörtern
die sätze bilden welten
wir erzählen geschichten
träume spielen mit bildern

Anthrazit

Du besuchst mich leis'
Zur Schattenzeit des Tages.
Sonnenglut verweht
Im trocknen Staub der Straßen.

Themen binden uns
Und der Klang vom blauen Meer
Für mich strahlst du wunderbar
Gelb-blau-anthrazit.

Allein am Morgen
– Du bist enteilt im Regen –
Such' ich beim Kaffee
Bilder, Namen, wohl auch Halt.

Ich find' Dein T-Shirt:
Atme – spüre – fühle Dich.
Regenbögen leuchten.
Regentropfen binden uns.

nebenbei

dein blick gleitet
entlang der augen
in die wellen ihrer seele

der wie ein schnitt
unseren glanz zerstört
sinnlichkeit der welt
schamlos gibt
absichtslos
sich öffnet
uns verrät

geschmirgelte seelen
aufgeraute fremdheit
bekümmerte reibung

Berührungen

Trippelschritte auf Zehenspitzen
Entlang von Linien über Kieselsteine
Durch schäumende Wellen zum Meer

Seitlich Meerespflanzen, Quallen, Krebse
Stacheln, ein Seesternchen, Farne

Bläuliche Wellen mit Kronen
Später ein Aal, Sprotten und Tintenfische

Kitzeln an der Fußsohle
Strahlende Augen
Glucksen, Lachen

Seelensprache

Meine Seele würde gerne singen
Allein mit dir per du und vertraulich
Sie ist gern verliebt und nah natürlich
Doch sie fürchtet, dabei zu verschwinden

Sie möchte deinen Nacken streicheln
Einfach still deine Haare kraulen
Deine Hände und Augen malen
Sie möchte dir so herzlich schmeicheln

Doch sie fürchtet den Irrtum, die Distanz
Den Sturz aus dem Traum auf karge Böden
Entsorgte Sehnsucht in leeren Dosen
Dein Lächeln gleicht einem flüchtigen Tanz

Gebunden leben wir in Spinnenweben
In deiner Tasche liegen die Objekte
Schlüssel, Pillen, Kämme, Uhren, Rezepte
Können uns traurige Blicke erlösen

ich vermisse dich

deine Sätze suchte ich
rang mit jedem Klang
kam dem Sinn so nah
er umhüllte mich
schwebend so beinah
doch eh ich begriff
entfernte er sich
floh aus meinem Sinn
wie ein weißer Dunst
verweht, aufgelöst
im Himmel, beinah erlöst

ich bin einfach stumm
mein Wort bleibt für sich allein
keine Antwort, regungslos
die Gedanken drehen sich
jederzeit wohl ohne dich

ich vermisse die Wörter
deine stille Herzlichkeit
die Scherze und dein Lachen
deine Bohneneintöpfe
die Geste des Verzeihens

Hommage an die Zukunft

Unter Zetteln lag mein Plan
Für mein zukünftiges Wollen

Der Plan war gut
Doch es kam anders

Mein Wollen
Wollte Anderes

(Die Welt sowieso)

Zeiten

Zwischen den Takten, den Bassschlägen
Mischen sich Gefühle und Bilder
Blitzt Ewiges in Versprechungen
Leuchten Farben und unsre Körper
Überall sind da Berührungen

Das Ich zittert an Grenzen
Jongliert mit Eifersucht
Zerfressenen Herzen
Und ewiger Sehnsucht
Denke und gebe acht
Lebe ohne Versprechen

Mein Kompass wirbelt in Kreisen
Ich verwische im Sand Spuren
Falle durch Wände in Farben
Und beginne meine Reise

etwas von etwas
(ti katà tinós)

Wort zu Wort – bindend
Jetzt zu Jetzt – überbrückend

Weiße Schwäne – rote Rosen
Urteilende Vorurteile

Wort zur Welt
Ich zum Leben

Leere hinter dem Wort
Sturz tief in den Grund

Einsamkeit erfüllt die Welt
Trauer erträgt uns

Mut verbindet die Wörter
Fügt die Tat ins Leben

Herbstlicht

Gitter leuchten im Glanz des Mondes
Im silbrigen Gras flüstert Fremdes

Durch Gassen huschen Lichter
Gleiten fahle Gesichter

Das Andre schimmert im Spiegel
Hinter Stäben harren Siegel

Der Rahmen verläuft, vibriert
Gelbliches zittert

Mögliches umtanzt Wirkliches
Welt umgreift Unheimliches

Menschen kämpfen mit Monstern
Engel mit teuflischen Gespenstern

Treibender Himmel

Moos nährt selbstlos Leben
Inmitten der Lichter
Tummeln sich Schatten

Mit dem Flusswasser
Schwingt einvernehmliche Stille
Gegen das Getöse der Rechner

Schwarze Muster leuchten
Erblindet vom Schein
Öffnen sich Grenzen

Erde und All treiben die Menschen
Gemäß der Himmelszeit
Zu Fluten und Brücken

Grünliches Metall rostet
Treibgut landet an Stränden
Seele atmet und betet

Regenbogen – scheinbar

Straßenbahnen kreischen in Kurven
Fern erklingen schrille Sirenen
Vom Himmel fallen schwarze Tropfen
Waschen rein Metalle und Seelen
Blitze erleuchten Wolken, Wege
Brechen die Vorhänge der Städte
Wanderer weilen spät auf Brücken
Sehen ihr Antlitz in den Flüssen
Schwarz-Weiß-Grau im Spiel mit den Farben
Goldenes leuchtet auf am Grunde

Zum Nichts verwandelt sich das Harte
Wie Seide schimmert auf das Wahre

Gefangen von Bildern und Mythen
Ringen mit Neigungen und Gründen
Nehmen wir täglich bunte Pillen
Vergessen das Blut und die Schmerzen
Chemisches erlöst uns in Nächten
Bässe verschmelzen mit Geigen

Letzte Tage

Euer Gewissen ist leicht
Wir kennen nur ein Vielleicht

Unsichtbare Mikroben
Bedeutungen verleugnet
Sehnsüchte umgedeutet
Ihr spekuliert mit Masken

Tragt schwarz-weiße Gewänder
Schmeckt die sauren Limonen
Die gelben und die grünen
Zum Fest bringt bunte Kleider

Die Abrechnung wird vertagt
Letzte Wörter ungesagt

Erläuterung zur Bilanz

Deine Blumen pelzig rot
Dicht in bunten Schichten
Einen Mantel, der dir gilt
Zum Abschied für die Reise

Gesäubert sind die Räume
Und die Keller verschlossen
Mit verborgenen Bildern

Ich kann nicht scheiden
Innen von außen

Das letzte Wort

Denk dein letztes Wort
Wäge die Silben

Atme dieses Gold
Es ist die Bindung

Ob Ich, ob Kinder
Die Liebe, das Meer
Vielleicht gar ein Gott

Denke – oh Gnade –
An rote Lippen
Und Umarmungen

Ist es ein Dennoch
Eine Zahl mit Sinn

Es folgt das Schweigen
Die stille Geste

Hades – Mitteilung: amtlich

I
Bedenkt die Lage
Zwischen den Schatten

Ihr lebt in keinem Spiel
Nur euer Dasein hier

Ihr werdet gesehn
Gezählt, gemessen

Erkennt euch im Schein
Seht die Andren

Lebt euer Leben
Ob so oder so

II
Der Tod ist gewiss
Zur gewählten Zeit

Wir werden kommen
Unsre Logik gilt

III
Euer Lachen irritiert

Spielabpfiff

Vorbei am Tod schmuggle ich
Kassiber in das Fremde

Dir jedoch weiche ich aus
Flieh hinter Türen

Wohl suche ich Klärungen
Und abschließende Gründe

Fern höre ich die Regeln
Pfiffe und Applaus

Dir biete ich etwas Trost
Und so spät ein Verstehen

Fühle in mir frei und fein
Doch das Spiel ist aus

Alphabtisches Verzeichnis der Gedichte

Literatur
(in Auswahl)

Carsten Rathgeber, Wissen, Glaube, Mathematik – Philosophische Betrachtungen, 120 S., BoD, 2025

Carsten Rathgeber, Mathematik – für die (technische) Welt, 148 S., BoD, 2024

Carsten Rathgeber, Mathematik – (Grundlagen) für die (moderne) Welt, 102 S., BoD, 2024

Rathgeber, C., Petersen, H.-J., Hübscher, H. et al., IT-Handbuch (Fachinformatiker/-in, IT-System-Elektroniker/-in), 752 S., Westermann, 2024[12]

Carsten Rathgeber, Fäden zur Welt, Lyrik zur Existenz, 148 S., BoD, 2024

Carsten Rathgeber u.v.a.: Pinselstrich, Klavier und Kunst, 404 S., Edition Dorante, 2020

Carsten Rathgeber u.v.a.: Im Dünenblick, 304 S., Edition Dorante, 2019

Carsten Rathgeber u.v.a.: Auf der Halbinsel, 420 S., Edition Dorante, 2016

Carsten Rathgeber: Zwischen(t)räume & Grenzwelten. Gedichte, 68 S., Lorbeer Verlag, 2014

Gedichte in: Grasnick, U., Kunert, G., Ferst, M. u.v.a.: Bis dein Blick Meer wird, Anthologie des Köpernicker Lyrikseminars und der Lesebühne der Kulturen Adlershof, 412 S., BoD – Books on Demand, 2019

Essays in: Sonntag, H., Tews, H., Lasch, T. et al., Geschichte, Kultur und Philosophie, 472 S., Edition Dorante, 2020

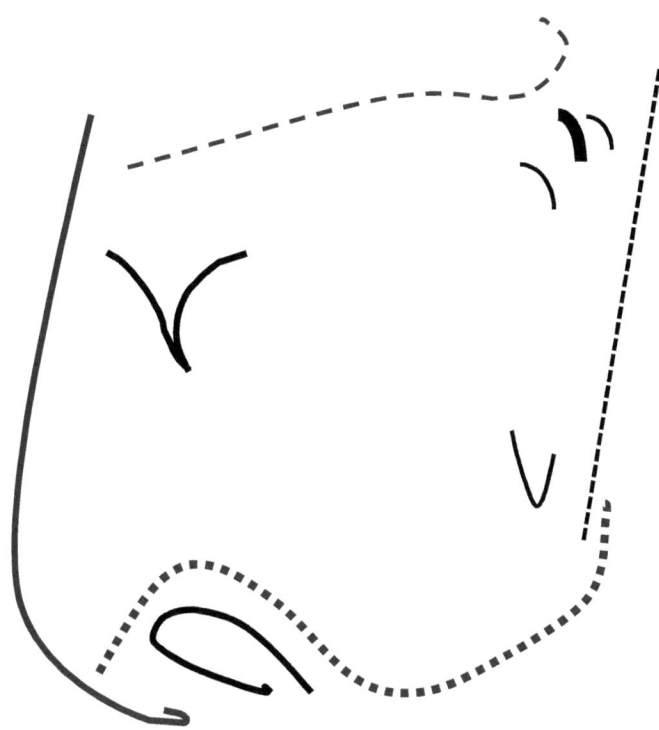

Autor / Kontakt

carsten.rathgeber@gmx.de
carstenrathgeber.wordpress.com

Notizen

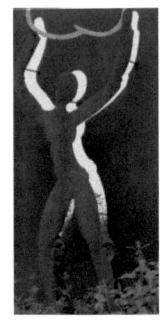

© alle Fotos: Rathgeber, Carsten